KB194239

외로움이 묻고
철학이 답하다

외로움이 묻고
철학이 답하다

이세훈 지음

 시크릿하우스

외로움은 내 영혼의 신호다

"외로움은 우리가 아직 만나지 못한 자아로 가는 초대장일지도 모릅니다." 이 말이 너무나 익숙하면서도 낯선 울림으로 다가올 때가 있지 않나요? 분주한 삶 한복판에서, 혹은 사람들 사이에 둘러싸여 있으면서도 어쩐지 '나 혼자인 것 같다'라는 쓸쓸함이 스멀스멀 올라올 때, 우리는 그 감정을 서둘러 떨쳐 내려고 합니다. 그래서 TV를 켜거나 휴대전화 알림을 확인하며, 무심코 그 허전함을 묻어 버리곤 하지요. 그러나 정말로 외로움이란 쓸데없는 감정이기만 한 걸까요?

어쩌면 외로움이야말로, 우리의 가장 진실한 욕망과 두려움을 들춰내는 정직한 친구일지도 모릅니다. 밤이 깊어질수록, 낮에는 잊고 지냈던 불안과 결핍이 선명히 드러나는 이유가 과연 뭘까요? 바로 그 순간, 우리는 '진짜 나'를 마주하고 "이대로 괜찮은 걸까?"라는 물음을 떨칠 수 없게 됩니다. 그래서 누군가는 외로움이 고통스럽다고 말하고, 또 누군가는 그 고통을 통해 한층 더 깊은 성찰과 용기를 얻었다고 고백합니다.

이 책은 그런 '외로움'이라는 복잡하고 예민한 감정을, 피해야 할 대상이 아니라 '인간이 자기 존재와 만나는 통로'로 바라보자는 제안을 담고 있습니다. 파스칼이 말한 '생각하는 갈대', 카뮈가 말한 '부조리', 사르트르가 말한 '자유와 책임', 그리고 키르케고르의 '단독자' 사상을 빌려, 인간이 스스로 끊임없이 묻고 답해야 하는 조건에 놓였음을 되짚어 봅니다. 누군가는 이를 두려워할 수도 있지만, 또 다른 누군가는 그 속에서 스스로 일으키는 힘을 발견하기도 하지요.

이 책을 펼치는 순간, 여러분의 마음 구석에 켜켜이 쌓여 있던 외로움이 조금씩 윤곽을 드러낼지도 모릅니다. 하지만 걱정은 접어 둬도 좋습니다. 그 불편한 감정을 무작정 떠밀지 않고 정직하게 들여다볼 때, 의외로 그 안에 내재 된 '더 깊은 갈망'이나 '잊힌 욕망'을 발견할 수 있으니까요. 외로움을 무조건 떨쳐 내야 할 악이 아니라, 우리에게 내면의 소리를 들으라고 요구하는 반짝이는 신호일 수 있다는 사실을 함께 살펴볼 기회가 될 것입니다.

이 책은 '왜 외로운가?'라는 질문에서부터, 외로움을 타인과의 관계, 공간과 시간, 존재의 무게, 그리고 결국 고독을 넘어 피어나는 새싹 같은 가능성까지 차근히 탐색합니다. 각 장에는 철학자들이 남긴 지혜의 한 조각과, 우리의 실제 일상에 적용할 수 있는 통찰이 버무려져 있습니다. 또한 밤이 깊었을 때 혼자 읽어 보면, 마치 오래된 친구가 여러분에게 살며시 건네는 짧은 메시지처럼 느껴질 겁니다.

"외로움이 사라져야 할 적이 아니라, 내 영혼의 신호

외로움이 묻고 철학이 답하다

일 수 있다." 이런 관점을 지니게 되면, 더 이상 고독이 무서운 비명처럼 들리지만은 않을 것입니다. 그 감정을 솔직히 인정하고 들여다보는 순간, 우리가 진정 원하는 것, 아직 이뤄 내지 못했지만 간절히 동경하는 어떤 삶의 형태를 어렴풋이 마주하게 됩니다.

그것을 붙들고, 때로는 도전하고 실패하며, 또다시 재도전하는 과정에서, 우리는 한 발짝씩 자신이 누구인지를 배워 가는 거겠지요.

이제, 이 책과 함께 외로움을 새로운 시선으로 바라보는 여정을 시작해 보시길 바랍니다. 우리가 왜 외롭고, 그 외로움이 어떻게 삶의 동력이 될 수 있는지, 그리고 고독이 결국 어떤 꽃으로 피어나는지, 천천히 따라와 주시면 좋겠습니다. 밤하늘에 반짝이는 별빛처럼, 그 외로움의 순간이 여러분을 더 깊고 아름답게 만들어 줄 수 있다는 가능성을, 우리는 함께 확인해 갈 수 있으리라 믿습니다.

차 례

1장

진정한 나를
마주하다

● ● ●

왜 외로운가?

인간은 갈대 중에서도 가장 약한 갈대이지만, 생각하는 갈대이다.
— 블레즈 파스칼 —

때때로 우리는 사람들 속에서 나 스스로 '외롭다'라고 느낄 때가 있습니다. 어쩌면 가장 깊은 외로움은 사람들 속에서 자신의 진정한 모습을 보여줄 수 없을 때 찾아오기도 합니다. 겉으로 보기엔 활기찬데, 밤이 깊어지면 견딜 수 없는 결핍과 허무감이 밀려오곤 합니다. 파스칼은 이런 인간을 '생각하는 갈대'라고 칭했습니다. 우주 앞에서 너무나 연약하면서도, 그 연약함을 의식할 수 있다는 점 때문에 더 큰 고민과 고독을 짊어지게 된다는 것이지요.

주변에 가족과 친구가 있어도, 마치 핵심을 건드리지 못한 채 겉도는 기분이 들 때가 있습니다. 우리는 서로 연결되어 있으면서도 근본적으로는 각자의 세계를 살아가는 존재입니다. 우리는 모두 별처럼 외롭게 빛나지만, 그 빛으로 서로를 비추며 살아갑니다. 이런 감정은 단순한 분위기 탓이 아니라, 인간이 스스로 얼마나 작은 존재인지 깨닫는 순간 생기는 불안과도 연결됩니다. 거대한 우주와 비교하면 내가 얼마나 보잘것없고 유한한가를 깨달을 때, "내가 여기서 어떤 의미를 지닐 수 있을까?" 하는 근원적 물음이 생겨나기 때문입니다.

블레즈 파스칼Blaise Pascal은 우리의 연약함을 정직하게 바라보는 일이야말로 더욱 심오한 질문으로 나아가는 계기임을 시사합니다. 우리의 취약함을 인정하는 순간, 오히려 더 깊은 자기 이해의 길이 열립니다. 또한 상처는 우리를 더 깊은 곳으로 인도하는 나침반이 되어 줍니다. 어느 날 "왜 이렇게 고독한가?"라는 질문에서 출발해 보면, 이내 "나는 어디까지 확장될 수 있는가?"

"내가 진짜로 원하는 게 무엇인가?"라는 더 근본적인 질문으로 이어집니다.

흔히 외로움을 단순한 감정 문제로만 보지만, 파스칼의 사유대로라면 이는 인간 존재의 '우주적 조건'과 얽혀 있을 수 있습니다. 외로움은 단순한 결핍이 아니라 우리의 영혼이 더 큰 의미를 갈망하는 신호일 수 있습니다. 내가 외로움을 느낀다는 건, 더 큰 의미를 향해 시선을 돌리겠다는 갈망이 깨어났음을 보여 주는 신호일지도 모릅니다. 고독은 그렇게 우리에게 진짜 질문을 던지도록 만듭니다.

그래서 첫걸음은 "나는 왜 외로운가?"라는 질문에서 시작합니다. 나를 향한 가장 정직한 질문이 때로는 가장 값진 성장의 시작점이 됩니다. 침묵 속에서 우리는 가장 큰 소리로 자신을 만나게 됩니다. 만약에 이 질문이 두렵다면, 더욱 이유를 찾아봐야 하지 않을까요? 내가 정말 '갈대처럼 약한 존재'이지만, 동시에 '그 사실을 사유할 수 있는 존재'라는 사실을 외면하지 않을 때, 고독은 불필요한 걸 다 털어내고 나만의 길을 살펴보게 하는 동반자가 될 수도 있습니다.

　파스칼은 또한 "인간이 자기 연약함을 인식한다는 사실에서 구원이 시작된다"라고 말했습니다. 우리가 스스로 한계에 직면할 때, 오히려 더 깊은 자아와 연결될 수 있습니다. 내 영혼의 심연을 들여다볼 용기가 있을 때, 비로소 진정한 치유가 시작됩니다. 이는 내가 나의 미약함을 인정할 때, 새로운 문이 열린다는 의미로 해석할 수 있습니다. 나를 과장하거나 속이지 않고, 있는 그대로 직시하면, 그 솔직함이 다음 단계로 안내해 주기 때문입니다.

　거창하게 우주론적 고민까지 갈 필요가 없더라도, 내 일상에서 "나는 왜 이렇게 결핍감을 느끼나?"를 곱씹어 보면, 거기엔 자신이 숨겨 둔 욕망이나 바람이 있을 것입니다. 내면의 공허함을 정직하게 바라보면, 그 안에서 진정한 갈망을 발견할 수 있습니다. 사람들에게 인정받고 싶다든가, 안정된 휴식을 바란다든가, 혹은 자유를 원하지만 두려워한다든가. 이런 것들을 찾아내기 시작하면, 고독은 막연한 슬픔이 아니라 '자기 이해'의

길잡이가 됩니다.

막상 고독에 정면으로 맞서려고 하면, 대부분 "너무 복잡하니 피하고 싶다"라며 다른 활동으로 시간을 메우려고 합니다. 진정한 자기 이해는 불편한 감정까지도 기꺼이 마주할 때 시작됩니다. 가장 깊은 어둠 속에서 우리는 자신의 빛을 발견하지만, 그 순간을 마주하기가 두렵습니다. 그러나 그럼에도 불구하고 마음 한구석은 계속 싸늘하게 식은 채 남아 있습니다. 파스칼이 말한 '생각하는 갈대'의 핵심은, 우리가 이 '허전함'을 회피하지 않는 순간 오히려 내면이 깊어진다는 점입니다.

인간은 작은 갈대이지만, 생각하는 갈대임을 잊지 말아야 합니다. 우리의 연약함이 때로는 우리를 가장 강하게 만드는 역설이 있습니다. 그 생각이 우리를 외롭게 만들지만, 동시에 우리를 더 높은 곳으로 이끄는 첫 계단이 될 것입니다. 인간의 약함이야말로 가장 강력한 사유의 시발점입니다.

외로움은 우리가 아직 살아있음을, 더 나은 존재가 되고자 함을 증명하는 증거입니다. 가장 깊은 고독 속에서도 우리는 더 의미 있는 연결을 향한 갈망을 품고 있습니다. "왜 외로운가?"라는 질문에 쉽게 답을 찾을 수는 없지만, 이 물음은 우리가 삶의 근본을 향해 갈 수 있게 해주는 출발선입니다. 밤이 깊고 마음이 텅 빈 듯 느껴질 때, "내가 정말 원하는 건 뭔가? 내가 어떤 존재가 되고 싶은가?"라고 자문해 보면 어떨까요? 그 과정에서 연약하지만, 사유할 수 있는 존재로서 '외로움'을 새로운 각성으로 승화시킬 가능성을 발견하게 될 것입니다.

외로움과 마주한 순간

거울은 보이는 세계와 보는 눈을 이어 주는 보이지 않는 마법이며,
그 마법은 우리를 나와 타인의 경계 속으로 이끈다.

— 모리스 메를로-퐁티 —

아침마다 거울 앞에 선다는 건, 우리에게 너무나 익숙한 일상입니다. 거울은 단순한 반영이 아니라, 우리 내면과 만나게 하는 통로입니다. 그런데 어떤 날은 거울 속 내 모습이 낯설게만 느껴질 때가 있지 않나요? 외모 때문이 아니라, 지난밤 어쩐지 마음이 무거웠던 탓에 표정까지 무겁게 가라앉은 것 같은 기분이 들기도 합니다.

모리스 메를로-퐁티Maurice Merleau-Ponty는 '거울'을 통해

우리가 비로소 '다른 시선에 비치는 나'를 실감한다고 말했습니다. 눈앞에 드러난 형상은 내 얼굴이지만, 사실은 '내가 어디서 상처받았는지, 무엇을 두려워하는지'를 비추는 내부 거울이 될 수도 있지요. 그래서 거울은 때때로 불편합니다. "지금 표정, 이대로 괜찮은 걸까?"라는 질문이 뒤따르기 때문입니다.

가장 불편한 거울 속 표정이야말로, 내가 숨기려고 했던 감정과 정직하게 마주하는 기회일 수 있습니다. 밤사이 마음 한편에 묵혔던 외로움이나 불안이, 아침의 거울 앞에서 한순간에 튀어나오는 것이지요.

우리는 흔히 '오늘은 피곤하니까 그렇겠지'라며 넘기지만, 자세히 보면 그 초췌함 이면에 "나는 지금 무엇을 원하는가?" "어떤 결핍을 애써 외면해 왔는가?" 이런 질문이 스며 있을지도 모릅니다. 사실 거울이라는 도구는, 내 얼굴을 비롯해 내 상태를 가감 없이 보여 준다는 점에서 매우 정직한 친구가 될 수 있습니다.

메를로-퐁티가 '거울은 보이지 않는 마법'이라고 표현한 건, 거울 속 존재가 단순한 외형 복제가 아니라 '나도 타인의 시선 속에서 이렇게 비치겠구나' 하는 자각을 불러일으키기 때문입니다. 그러다 보면 '내가 생각하는 나'와 '세상이 바라보는 나'가 겹치기도, 어긋나기도 하지요. 그리고 그 틈새에서 의외의 외로움이 고개를 듭니다.

거울 앞에서 괜히 표정을 바꾸거나, 마음이 살짝 움츠러드는 순간이 있다면, 어쩌면 그건 내가 내 본모습을 인정하기 꺼린다는 뜻일지도 모릅니다. 조금 찌뿌둥한 감정을 무시하고 외면했다면, 거울 속에 그 여파가 고스란히 드러나니까요. "지금 내게 필요한 건 뭘까?" "어느 감정이 채 해소되지 못한 채 남아 있는 건 아닐까?"라는 질문을 던져 보면 어떨까요?

물론 이 질문들이 불편할 수 있습니다. 바쁜 일상에서, 굳이 거울을 바라보며 심란한 감정을 확인하고 싶지 않을 수도 있으니까요. 하지만 '가장 낯선 모습과 마주해야, 가장 진실한 감정을 알게 된다'라는 역설이 있습니다. 거울 앞에서 '왜 이렇게 지쳐 보이지?' 하고 흘려버리기보다, '내 마음이 어디서 상처받았는지 혹은 소모되었는지' 솔직히 들여다보는 짧은 시간을 가져 보면 어떨까요?

"거울을 통해 마주치는 건 단지 내 얼굴이 아니라, 내가 지금까지 외면해 온 수많은 마음의 파편들일지도 모릅니다." 때로는 거울 앞에 서는 시간이 내가 나를 돌보는 시작점이 될 수 있습니다. 얼굴을 매만지듯 마음도 함께 매만지는 순간이 마련되는 거지요. "나는 오늘 왜 이렇게 우울한 표정을 짓고 있나?" "어제 무슨 일이 나를 속상하게 했지?" 이런 질문을 던져 보는 짧은 습관은, 내가 나를 더욱 세심하게 이해하는 열쇠가 되어 줍니다.

메를로-퐁티가 말하듯, 거울은 '나'를 드러내기도 하고 새롭게 발견하게도 하는 독특한 장치입니다. 우리가 미처 몰랐던 분노나 슬픔, 혹은 바람과 결핍이 거기서 벌거벗은 채 나를 응시하고 있을 수도 있습니다.

그러니 거울 앞을 쉽게 지나치지 않고, 내 눈빛과 표정이 말해 주는 속사정을 조용히 들어 보는 시간을 가져 보세요. 결코 그 시간은 길지 않아도 좋습니다. 어

외로움이 묻고 철학이 답하다

느 날 거울 속 낯선 얼굴이야말로, 내가 진짜로 필요로 하는 위로나 쉼, 혹은 간절한 갈망을 가만히 고백해 줄지도 모르니까요. 그리고 그 고백을 마주하는 순간, 우리는 '나도 몰랐던 외로움'과 드디어 대화하기 시작하는 것인지도 모릅니다.

●●●

고요 속에서 들리는
내면의 목소리

침묵 속에서 신은 더 이상 대상이 아니라 경험이 된다.

— 토머스 머턴 —

현대 도시는 정보와 소음으로 가득합니다. 우리는 끊임없는 알림음과 광고 속에서 내면의 목소리를 잃어버리기 쉽습니다. 정신없이 하루를 보낸 뒤, 밤이 되어서야 문득 찾아오는 허무감. '어쩐지 외롭다'라는 말이 입가에 맴돌지만, 그 감정이 어디에서 비롯되는지 정확히 알기 어려울 때가 많지요. 토머스 머턴Thomas Merton은 '침묵'을 통해 인간이 스스로 깊이 들여다보고 무엇과 연결되어 있는지 발견할 수 있다고 봤습니다. 우리가 너무

외로움이 묻고 철학이 답하다

분주하면, 기계적인 교류는 늘어나더라도 정작 나 자신의 상처나 욕망을 자각할 틈을 얻기 힘듭니다. 말이 오가는 순간이 많아도, 진짜 내면의 소리는 점점 희미해지는 것이지요.

가장 깊은 사유와 치유는 어쩌면 고요 속에서만 피어나는 꽃일지도 모릅니다. 소란을 잠시 멈추고, 휴대전화나 TV처럼 끊임없이 자극을 주는 것들을 내려놓은 채 자신과 마주하는 시간. 그 시간이 처음엔 어색하고 무서울 수 있습니다. 애써 외면했던 감정들, 유년 시절의 상처, 혹은 막연한 불안이 조용한 밤의 침묵 속에서 하나둘 떠오르기 때문입니다. 하지만 머턴의 말처럼, '침묵은 신을 경험하게 하는 통로'이자, 내가 정말로 어떠한 상태에 놓여 있는지를 깨닫게 하는 열쇠가 될 수도 있습니다. 이때 신이 꼭 종교적 대상만을 의미하지 않아도, 우리가 '깊은 내면' 혹은 '삶의 근원'이라고 부르는 어떤 것을 발견하는 순간이 침묵 속에서 벌어질 수 있다는 뜻이지요.

우리는 흔히 "시간이 없어", "바빠"라는 말로 자기감정을 억누르거나 뒤로 미뤄 놓습니다. 그러다 밤이 깊어져 세상의 소음이 줄어들면, 비로소 내 영혼이 조용히 문을 두드리기 시작하는 것입니다. "지금 네가 느끼는 이 외로움은 어디서 왔을까?" "진짜 원하는 건 무엇일까?"라는 물음이 은밀하게 들려올 수 있습니다. 침묵은 공허가 아니라, 우리가 외면해 온 수많은 목소리가 울려 퍼지는 무대입니다. 처음엔 너무 크게 느껴져 두려울 수 있지만, 자세히 들여다보면 그 안에는 '네 마음을 돌봐 달라'는 외침이 녹아 있습니다. 우울감일 수도 있고, 미처 풀지 못한 분노나 슬픔일 수도 있지요. 그것들을 침묵 속에서 하나씩 바라보고 이름 붙여 줄 때, 오히려 외로움은 더 이상 막연한 정서가 아니라 '나에게 무엇이 필요하고 부족한지'를 알려 주는 다정한 안내자가 됩니다.

어쩌면 이 침묵의 시간은 아주 짧아도 괜찮습니다. 몇 분이라도 알림을 모두 꺼 두고, 눈을 감은 채 "내 안에서 지금 어떤 이야기를 하고 있을까?"를 들어 보는 거지요. 때론 이런 고요의 연습이 쌓이면, "나는 말로 다

외로움이 묻고 철학이 답하다

못 했던 어떤 소망이 있었구나" "이 상처를 치유해 주길 바라고 있었구나"라는 깨달음이 찾아옵니다. 머턴이 강조한 건, 침묵은 '아무것도 하지 않는 시간'이 아니라 '진짜 중요한 것들과 만나는 시간'이라는 점입니다. 말을 멈추고 소리를 끈 상태에서, 우리는 비로소 자신이 걸어온 길과 앞으로 가야 할 길을 가만히 돌아볼 수 있습니다. 소란한 세상의 요구에서 살짝 벗어나는 짧은 순간이, 가장 진실한 '나 자신과의 대화'를 시작하게 만드는 것이지요.

불편한 침묵이야말로 가장 필요한 진실이 피어나는 자리일지도 모릅니다. 이제 오늘 밤 잠들기 전에, 혹은 새벽에 한 번쯤 자기를 위해 5분이든 10분이든 고요히 앉아 보는 건 어떨까요? 이 짧은 침묵이 무색하지 않도록, 내 안에서 아직 말하지 못한 이야기들을 들어 주는 연습을 해 보는 겁니다. 그러다 보면, 그동안 세상의 소음에 묻혀 놓쳐 왔던 내 영혼의 목소리를 조금씩 되찾을 수 있을지도 모릅니다.

●●●

가장 사소한
자기와의 대화

관심은 가장 희귀하고 순수한 형태의 관대함이다.

— 시몬 베유 —

우리는 매일 많은 말을 주고받습니다. 회사에서, 집에서, 온라인상에서 수없이 대화를 나누지만, 정작 "내 안에 귀 기울여 준 적은 얼마나 될까?" 하는 물음과 마주하기는 쉽지 않습니다. 시몬 베유Simone Veil는 '주의 깊은 태도attention'를 진정한 선善과 연결된 행위로 보았습니다. 즉, 다른 이의 고통에 깊이 공감하는 일도 중요하지만, 그 이전에 자기 내면조차 제대로 돌보지 않는다면, 타인의 아픔을 온전히 이해하기 어렵다는 점을 지적한

외로움이 묻고 철학이 답하다

것이지요. 바쁜 삶 속에서 내가 스스로 얼마나 경청해 왔는가를 돌아볼 필요가 있습니다.

우리는 때로 '내 이야기를 들어줄 사람이 없어'라고 외로움을 호소하지만, 정작 스스로 자기 목소리를 외면하고 있지는 않았을까요. 진정한 자기 대화는 내 감정에 '주의'를 기울이는 작은 실천에서 시작됩니다. 시몬 베유가 말한 '가장 희귀하고 순수한 형태의 관심'이란, 단지 타인에게만 쓰는 에너지가 아니라, 내 영혼의 미세한 흔들림을 관찰하고 인정하는 태도까지 포함한다고 볼 수 있습니다. 예컨대, 내가 왜 이렇게 쉽게 화가 나는지, 혹은 무엇이 요즘 나를 무기력하게 만드는지를 스스로 물어보았는지 생각해 보세요.

낮에는 여러 일에 치여 나 자신도 알기 어려운 상태로 지내기 일쑤입니다. 그러다 밤이 오면 갑자기 파도처럼 밀려오는 쓸쓸함과 불안을 어떻게 처리해야 할지 막막해지지요. 하지만 이 작은 자아와의 대화 시간이 아예 없다면, 내 깊은 욕구나 상처가 어디서 비롯되었는지 짚어 볼 틈도 얻지 못합니다. 베유가 강조한

'주$_{attention}$의 윤리'는 삶에 치여 바쁘게 흘러가는 와중에도 짧게나마 멈춰서 스스로 돌보는 순간을 만들라는 메시지이기도 합니다.

가장 사소한 자기 대화가, 사실은 가장 근본적인 치유의 열쇠를 쥐고 있을 수 있습니다. "오늘 하루 내가 가장 힘들었던 순간은 언제였을까?" "나는 어떤 반응이 서운했으며, 무엇을 더 원했을까?" 이런 질문들을 건넬 짧은 시간도 없이 잠들어 버린다면, 외로움과 결핍은 해결되지 않은 채로 쌓여 갈 것입니다. 말로 표현되지 못한 감정들은 내면에 그대로 축적되어, 결국 예기치 못한 순간에 나를 더욱 외롭고 지치게 만들지요.

하지만 자기 대화가 꼭 대단한 '심리 치료'가 될 필요는 없습니다. 중요한 건 일상의 작은 습관으로 자리 잡는가, 아닌가의 차이입니다. 하루 5분, 10분 정도만이라도 "지금 내 마음은 어떤 상태지?"라고 물으며 적어 보는 시간이 쌓인다면, 내가 내 목소리를 들으려 애쓴다는 안도감이 의외로 큰 에너지를 줄 수도 있습니다. 그 안도감이 "그래, 나도 내 이야기에 귀 기울이고 있구나" 하는 자존감으로 이어지기 마련입니다.

시몬 베유는 "우리가 정직하게 자기 내면에 주의를 기울일 때, 비로소 타인의 고통도 제대로 볼 수 있다"고 말했습니다. 타인을 깊이 이해할 힘이 생기는 것도 '내면의 소리'에 대한 훈련이 먼저 깔려 있기 때문이지요. 내가 내 상처를 모른다면, 결국 남의 상처도 미루어 짐작하기 쉽지 않습니다. 자신의 감정을 밀쳐 놓은 채 관계를 맺으면, 대체로 피상적인 위로나 공감을 주고받다가 쉽게 지쳐 버리곤 합니다.

"진정한 대화는 내 안과 먼저 마주하는 순간에서 시작된다." 매일 쏟아지는 정보에 치여 마음이 흩어졌다면, 적어도 잠들기 전이나 잠깐의 휴식 시간에 눈을 감고, "요즘 내가 자꾸 반복하는 생각은 뭘까?" "최근 며칠간 나를 가장 힘들게 한 감정은 무엇이며, 왜 그렇게 생겨난 걸까?" 등을 한 번쯤 정리해 보는 거지요. 처음에는 '이게 무슨 소용이 있어?'라며 시도조차 꺼려질 수 있습니다. 하지만 반복해 보면 어느 순간, 내가 몰랐던 마음의 배경이 어렴풋이 드러나기 시작합니다.

이처럼 자기 목소리에 집중하기 시작하면, "왜 이토록 외로운가?"라는 질문도 막연함을 조금씩 벗어나 더 구체적인 실마리를 얻게 됩니다. 나는 누군가의 인정이나 위로가 필요했던 걸까? 아니면 안식 같은 휴식이 없어서 지친 걸까? 혹은 미래에 대한 불안감이 커져서 그런 걸까? 이런 생각을 정리하는 과정 자체가 곧 자기 이해의 문을 열어 외로움을 단순한 슬픔이 아닌 '나에게 무엇이 부족한지 알려 주는 신호'로 바꿔 놓습니다.

물론 이 과정은 결코 하루아침에 완성되지 않습니다. 주의를 기울이는 일이란, 한 번에 모든 상처를 해결한다는 뜻이 아니니까요. 그러나 시몬 베유의 말처럼, 우리가 자기 내면에 정성 어린 관심을 기울일 때, 그 관심이 결국 성장과 치유의 작은 씨앗이 될 수 있습니다. 그리고 이 작은 씨앗이 우리 삶을 조금씩 변화시키면서, 주변 사람들을 대하는 태도와 관계 또한 깊어지게 만듭니다.

내면의 소리 듣기란, 외로움에 휩쓸려 허우적대기보다, 스스로 "나는 지금 어떤 상태인가?"를 먼저 물어보는 용기에서 시작됩니다. 말하자면 이것이야말로 "내 진짜 이야기를 내가 들어 주는" 첫걸음입니다. 그리고 이 작은 용기가 쌓일 때, 우리는 비로소 자기 내면과 연결된 단단한 자아를 세워 갈 수 있을 것입니다.

● ● ●

먼저 자신에게 깃든
어둠을 인정하라

사람은 빛의 모습을 상상함으로써 깨달음을 얻는 것이 아니라,
어둠을 의식함으로써 깨달음을 얻는다.

— 카를 구스타프 융 —

낮에는 사회적 역할과 책임에 묶여 자신의 본모습을
감춘 채 지내다가, 밤이 깊어지면 더욱 또렷이 찾아오
는 불안과 외로움을 경험해 본 적이 있으신가요? 우리
는 누구나, 낮에 억눌렀던 감정이나 욕망이 밤의 고요
속에서 되살아나면서, 미처 인식하지 못했던 내면의 어
둠과 맞닥뜨리곤 합니다. 카를 구스타프 융Carl Gustav Jung
이 말한 '그림자Shadow'는 내가 의식적으로 부정하거나 억
압해 온 심리적 요소들을 가리키는데, 이 그림자는 대

외로움이 묻고 철학이 답하다

낮의 분주함 속에서는 쉽게 감춰지지만, 한밤의 고독이 밀려올 때 더욱 선명하게 떠올라 우리를 어지럽힙니다. 그러나 그 어지러움은 성장으로 향하는 중요한 징후가 될 수도 있습니다.

가장 깊은 외로움은 흔히 '이런 감정은 나답지 않아' 라며 무시해 온 그림자가 우리 곁으로 슬며시 다가올 때 생깁니다. 마치 어둠 속에서 춤을 추듯이, 그림자는 나도 모르게 일렁이며 때로 두려움과 분노, 혹은 서글 픈 결핍의 형태로 모습을 드러냅니다. 우리 대부분은 이 어두운 면을 없애려고만 하거나, 아예 존재 자체를 부정하려 애쓰지만, 융의 통찰에 따르면 그림자를 오롯 이 직시하고 받아들이는 과정이야말로 진정한 자기 이 해와 통합의 첫걸음입니다. 밤에 치솟는 우울감이 무작 정 나쁜 건 아닌 까닭도, 그 속에 '내가 무엇을 억누르고 있었는가'라는 진실한 물음이 숨어 있을 수 있기 때문이 지요.

"사람이 빛을 찾아 떠나려면, 먼저 자신에게 깃든 어 둠을 인정해야 한다"라는 말처럼, 그림자가 깃든 내면을 외면하는 한, 나는 진짜 감정과 욕망을 모른 채 살아갈 수밖에 없습니다. 낮에는 바쁘게 돌아다니고, 타인에게 좋은 모습만 보이려 애쓰면서도, 정작 밤에는 이름 모를 외로움에 시달린다면, 그건 분명 '숨겨 놓은 감정'이 스스로 알아달라고 보내는 신호일 가능성이 큽니다. 융은 이 그림자를 괴물처럼 여겨 도망가기보다는, '이 어둠이 내게 무엇을 말해 주려고 하는가'를 차분히 들어 보라고 조언합니다.

어둠과 춤춘다는 말이 다소 과장돼 보이지만, 사실 그것은 '어둠과도 함께 움직이며 균형을 맞추겠다'라는 의지의 표현일 수 있습니다. 예컨대, 자신이 상당히 질투심 많은 성격임을 깨닫는 일이나, 불안정한 자존감이 과잉 친절이나 반대로 공격성으로 드러났다는 사실을 인정하는 일은 고통스럽지만, 그 인식 없이는 결코 문제를 해결할 수 없습니다. 오히려 내가 지닌 어둠을 겸손하게 끌어안고, '그래, 이런 부분이 있구나'라고 수용하기 시작하면, 이상하게도 외로움이 조금씩 다른 빛깔로 다가옵니다.

외로움이 묻고 철학이 답하다

물론 그림자를 인정한다고 해서 당장 큰 해방감을 얻거나 기쁘기만 한 것은 아닙니다. 깊이 누적된 상처나 욕망은 순식간에 변하지 않으며, 때론 더 큰 혼란을 일시적으로 일으키기도 합니다. 그러나 최소한 "내가 왜 이렇게 갑자기 허무해지고, 왜 이렇게 분노가 차오르는지" 이유를 찾기 쉬워진다는 점이 큰 진전입니다. 이유조차 모르는 막연한 외로움과 달리, "내가 생각보다 인정 욕구가 컸구나" "상실감이 오래 방치됐구나" 같은 형태로 자각하고 나면, 구체적인 대처 방안도 떠오르기 마련이니까요.

융은 궁극적으로 '자기Self의 통합'을 말했습니다. 우리의 이면에 놓인 어둠이나 그림자를 스스로 품어 안을 때, 비로소 인간은 온전한 자아로 거듭날 수 있다는 것이지요. 만약 밤마다 어둠이 짓누르듯 외롭고 힘겹다면, 한 번쯤 이런 질문을 해 보길 권합니다. "최근에 내가 부정하거나 억눌렀던 욕구나 감정은 없었나?" "어떤 결핍을 꾹꾹 누른 채 웃고 있었던 건 아닐까?"라는 물음입니다. 그것이 두렵게 느껴지더라도, 일단 마주하기만 한다면, 당신은 더 이상 그림자에 휘둘리는 존재가 아니라 그림자와 함께 춤출 용기를 가진 사람으로 변해 갈 것입니다.

"밤이 깊어질수록 그림자도 짙어지지만, 그 어둠을 외면하지 않을 때 우리는 스스로 더 깊이 이해하게 된다." 결국 내면의 어두운 면을 제대로 마주하고 나면, 외로움은 단순히 삭막한 감정이 아니라 내가 놓친 진짜 욕구와 상처를 안내하는 신호임이 분명해집니다. 그리고 이 신호를 따라가 보겠다고 결심하는 순간, "왜 이렇게 쓸쓸한가?"라고 묻던 자리에서 "내가 진짜로 원하는 건 무엇이며, 어떻게 나를 보살필까?"라는 좀 더 미래지향적인 질문으로 나아갈 수 있게 됩니다. 그러니 오늘도 깊은 밤, 외롭고 답답한 마음이 찾아온다면, 그 어둠에 괜한 두려움을 느끼기보다 "내 그림자가 나에게 꼭 들려주고 싶어 하는 이야기는 무엇인가?"를 들어 보세요. 그때 우리는 진정한 내면의 목소리를 포착하고, 자기 통합의 무대에서 한 걸음 더 나아갈 힘을 얻게 될 것입니다.

외로움이 묻고 철학이 답하다

온전한 나를 찾다

개별화는 개인의 개성을 개발하는 것을 목표로 하는 차별화 과정이다.
— 카를 구스타프 융 —

우리는 한편으로는 타인과 어울려 살아가면서도, 다른 한편으로는 도무지 이해받지 못하는 고독을 느끼곤 합니다. 그럴 때 "나는 누구인가?"라는 물음이 갑작스레 마음 한구석에 들어앉기도 하지요. 낮에는 사회적 역할에 몰두하고, 저녁에는 누군가와 만나 웃고 떠들 수도 있지만, 정작 어쩔 수 없는 결핍감이나 소외감이 남아 있다면, 그건 어쩌면 아직 '온전한 나'로 통합되지 못했다는 신호일 수 있습니다. 융은 이러한 내적 갈등을 해결하기 위해 '개성화Individuation'가 필수적이라고 말했습니다. 개인이 온전한 자아를 찾아가는 과정 없이 외부와의 관계에만 매달린다면, 결국 자기 본질이 흔들린 채 끝없는 외로움에 시달리게 된다는 것이지요.

개성화 과정이란, 내가 무의식적으로 억눌러 온 그림자나 욕망, 과거의 상처를 통합해 '진짜 나'를 완성해 나가는 여정입니다. 융은 우리가 자신의 의식과 무의식을 적절히 조화시킬 때, 분열 없이 온전한 삶을 누릴 수 있다고 보았습니다. 밤이 되어서야 갑자기 숨 막힐 듯한 외로움에 빠지는 이유도, 낮 동안 '나는 괜찮아'라며 억눌렀던 감정들이 무의식 속에서 표류했기 때문인지도 모릅니다. '왜 이렇게 허전하지?'라는 의문이 반복된다면, 그건 무언가 내 안에서 아직 통합되지 못하고 방치된 채 소리를 내고 있다는 뜻일 수 있습니다.

아우구스티누스의 '내면으로 돌아가라'라는 고전적 권고도 비슷한 맥락에서 이해해 볼 수 있습니다. 그는 신앙적 해석을 통해 "자기 영혼 깊숙이 진리가 깃들어 있다"라고 말했지만, 세속적으로 보더라도 사람은 결국

외로움이 묻고 철학이 답하다

자기 내면으로 깊이 침잠하여 '내가 누구인지'를 물어야만 진정한 평화를 얻는다는 메시지가 되지요. 바깥에서의 화려함이나 인정도, 내 안이 온전히 통합되지 않으면 언제든지 흔들려 버리고 맙니다. 그렇기에 주어진 사회적 기대나 타인의 시선에 맞춰 사느라 분주한 사람일수록, "나는 무엇을 바라고, 어디서 상처를 입었으며, 이 상처를 어떻게 소화할 것인가?"라는 질문을 피할 수 없습니다.

'진정한 나를 마주한다'라는 건, 추상적인 깨달음이나 지적 통찰만으로는 되지 않습니다. 융이 말한 개성화 과정은 사고와 감정, 무의식적 갈망과 그림자까지 하나하나 대면하는 실제적 여정입니다. 그 길은 종종 고통스럽고, 오래 묻어 둔 감정을 정면으로 보는 일이기에 무섭기도 합니다. 하지만 그러한 과정을 거쳐야만, 우리는 외부 기준에 흔들리지 않는 '온전한 나'를 세울 수 있습니다. 외로움은 때로 이 여정을 강제로라도 시작하게 만드는 자극일 수 있지요. '더는 이렇게 파편화된 채 살 수 없다'라는 위기의식이 들 때, 사람은 뒤늦게라도 자기 내부를 향해 돌아서게 됩니다.

물론 이 개성화가 곧 '완벽한 자아'를 만들어 낸다는 말은 아닙니다. 그보다는, 내게 부족한 부분이나 어두운 측면도 스스로 거부하지 않고 품어 안으려는 태도가 중요하다는 의미입니다. 예를 들어, 내가 쉽게 분노하는 사람이라면 "나는 왜 이렇게 공격적이지?"라며 자책하기보다, "어떤 상처나 두려움이 분노로 표출되는 걸까?"라고 물을 수 있어야 합니다. 그 순간부터 분노 자체를 악마화하지 않고, 그 밑에 깔린 결핍이나 욕구를 돌보는 길이 열립니다. 외로움도 마찬가지입니다. "난 왜 이렇게 외로운 사람이야?"라고 한탄만 하는 대신, "나는 어떤 부분에서 아직 나 자신과 화해하지 못했을까?"라며 돌아보면, 예상치 못한 내 내면의 목소리를 들을 수 있게 됩니다.

가장 깊은 결핍은 자아의 파편화에서 비롯될 때가 많습니다. 낮에는 타인에게 잘 보이기 위해 친절만 강조하고, 밤에는 내심 두려움이 쌓여 불안으로 폭발한다면, 이는 '나의 욕망과 불안을 균형 있게 소화하지 못했음'을 드러내는 신호일 가능성이 큽니다. 그렇게 떠밀려 도달한 외로움의 바닥이, 역설적으로 개성화 과정의 출발선이 되기도 합니다. "내가 이렇게까지 힘든 이유가 무엇일까?"라고 뼈아프게 물어보는 순간, 제대로 된 답을 찾으려면 내면의 어둠과 욕망, 결핍까지 포함해 살펴봐야 한다는 사실을 깨닫게 됩니다.

융의 개성화 이론은 결코 현실 도피적 명상이 아니라, 삶에서 부딪히는 모순과 갈등을 하나하나 통합해 내는 구체적이고 실제적인 길입니다. 그래서 '온전한 나를 찾아간다'라는 건, 내가 원하지 않던 모습까지도 내 정체성의 일부로 받아들이고, 그 힘을 긍정적 방향으로 바꿔 나가는 작업이기도 합니다. 때로는 전문적인 도움을 받거나 오랜 시간 자기 성찰을 지속해야 할 수도 있습니다. 그러나 그 노력은 마치 뒤엉킨 실타래를 하나씩 풀어내는 행위처럼, 결국엔 외로움의 근본 요인을 찾아 치유할 발판을 마련해 줍니다.

"외로움은 나의 한 부분이지만, 나를 지배하는 전부는 아니다." 이 생각을 기억한다면, 개성화의 길 위에서 만나는 수많은 좌절과 결핍조차도 '나를 더욱 깊이 이해하는 계기'가 될 것입니다. 온전한 '나'로 거듭난다는 것은, 완벽한 존재가 되겠다는 선언이 아니라, 내 장점과 단점, 빛과 그림자를 모두 하나의 삶으로 묶어 내겠다는 결심을 의미합니다. 그 결심을 이루어 가는 과정에서, 외로움은 더 이상 막연한 고통으로 남지 않고 '나를 환기하고, 돌아보게 하는 성장의 동반자'가 되어 줄 것입니다.

● ● ●

내 솔직한 마음에
귀 기울여라

세상에서 가장 위대한 것은 자기 자신에게 속하는 방법을 아는 것이다.
— 미셸 드 몽테뉴 —

밤이 깊어 혼자 깨어 있는 순간, 창밖에 번지는 어둠
만큼이나 내 마음도 차갑게 식어 갈 때가 있습니다. 왜
인지 모르게 '내가 정말 잘하고 있는 걸까?'라는 불안과,
'누군가 내 이야기를 들어주면 좋겠다'라는 간절한 바람
이 동시에 고개를 듭니다. 아무 일도 일어나지 않은 평
범한 하루였는데도, 문득 찾아오는 이 낯선 쓸쓸함이
마음을 흔들 때가 있지요.

미셸 드 몽테뉴Michel de Montaigne는 '스스로에 속해 있다

는 사실을 깨닫는 것'이야말로 인생에서 가장 중요한 지혜라고 했습니다. 하지만 정작 우리는 자신에게 온전히 속하기를 두려워하기도 합니다. 외롭다는 감정이 싫고, 내 약함을 들키는 게 무서워 누군가에게 의지하려고만 하면서도, 결국 그 의지가 충분치 않을 때 더 큰 허탈감에 빠지고 마니 말입니다.

바로 그런 허전함 속에서 '누구도 내 안의 물음에 답해 주지 못한다'라는 사실이 조금이나마 위로가 됩니다. 우리는 누군가의 관심과 사랑을 받을 때 기쁨을 느끼지만, 궁극적으로 '내 내면의 빈자리'를 채울 열쇠는 내가 쥐고 있다는 걸 잊곤 하지요. 자기 자신에게 "지금 어떤 느낌이 드느냐"고 부드럽게 물어 주는 작은 습관이, 의외로 큰 안도감을 줄 수 있습니다.

몽테뉴가 말했듯, 자기 자신에게 속하기 위한 첫 발걸음은, 솔직한 마음에 귀 기울이는 일입니다. 남에게 멋진 모습을 보여 주느라 하루를 소진했다면, 밤에는 조금 서툴러도 괜찮으니 "나는 오늘, 무엇이 괴로웠지?" "어떤 순간에 즐거웠지?"라고 물어보세요. 그러면 생각보다 깊은 곳에서 "아, 사실 나 지금 지치고 있구나" "누군가가 나를 좀 인정해 주면 좋겠구나"라는 소리가 들려올 수도 있습니다.

'나에게 속한다'라는 건 결코 이기적이거나 도피적인 태도가 아닙니다. 오히려 내가 내면에서 무엇을 바라고 두려워하는지 아는 사람일수록, 타인과의 관계에서도 흔들리지 않고 더 진실하게 소통할 수 있다고 몽테뉴는 말합니다. 그래서 다짐하고 싶습니다. '내 마음을 등한시하지 말자. 내 눈물을 너무 가볍게 넘기지 말자. 그리고 내가 바라는 것을 조금 더 소중히 다뤄 보자.' 오늘 밤, 혹시라도 눈을 감았을 때 까닭 없는 서글픔이 떠오른다면, 한 번쯤 스스로한테 이렇게 말해 보면 어떨까요? "너 괜찮아, 오늘 좀 많이 힘들었구나. 그래도 애썼어." 속으로 몇 번이고 되뇌다 보면, 적어도 내 감정은 내가 들어 준다는 안도감이 스며듭니다. 거창한 변화는 없어도, 그 작은 위로가 내일의 외로움을 약간 덜어 줄지 모릅니다.

몽테뉴가 말하는 건, '결국 자기 자신과 화해하는 법

을 알 때, 세상이 조금 더 따뜻해진다'라는 사실일 것입니다. 밤의 고요 속에서, 자기 자신을 조금 더 애틋하게 돌보는 이 시간을 통해, 언젠가 우리는 흔들리지 않는 '나만의 중심'을 발견하게 될 거라고, 조심스럽게 믿어 봅니다.

"자신을 알기란 어렵고,
자신을 판단하기란 더욱 어렵다."

— 쇼펜하우어 —

2장

연결된 세상,
단절된 마음

• • •

어떤 이에게
'진정한 너'가 되어 주라

모든 실제 삶은 만남이다.

— 마르틴 부버 —

함께 있어도 여전히 멀게 느껴지는 상황을 경험한 적이 있으신가요? 분명 같은 공간에 있고 대화를 주고받는데도, 이상하게 마음이 전혀 닿지 않는 것처럼 느껴질 때가 있습니다. 가장 깊은 고독은 타인과 물리적으로 가까워도, 서로를 온전히 바라보지 않을 때 더 깊어지는 법입니다. 마르틴 부버Martin Buber는 인간관계를 '나―너I-Thou'와 '나―그것It'으로 구분했는데, 상대를 한 개의 인격으로 만나기보다 어떤 대상이나 도구로만 여길 때,

진정한 만남은 성립되지 않는다고 합니다. 즉, 곁에 있어도 마음이 동떨어진 채 서로를 형식적으로만 대하면, 아무리 오래 붙어 있어도 외로움이 해소되지 않는다는 것이지요.

"진정한 만남은 내가 당신을 그저 기능적 존재나 수단으로 취급하지 않을 때 비로소 시작된다." 교회나 회사, 심지어 가족관계에서도, 상대에게서 '사람'이 아닌 '이익'이나 '편의성'만을 본다면, 물리적 거리는 가깝겠지만 마음의 거리는 멀어질 수밖에 없습니다. 예컨대, 회사 동료를 업무적 협력자 이상으로 인식하지 못하면, 늘 능력이나 기여만 보게 되고, 개인적 고민이나 고유한 성격은 잘 보이지 않을 겁니다. 그런 관계는 어쩌면 서로에게 편하고 효율적일 수 있지만, 막상 텅 빈 외로움을 막을 순 없습니다. 부버가 말한 '나-그것' 관계는 그 사람의 고유함을 보지 못한 채, 상황에 필요한 역할만 강조하는 태도를 뜻합니다.

정말 친밀해 보이는 사이에서도, 관계가 피상적 수준에 머물면 "왜 이렇게 거리감이 들지?"라는 생각에 갇힐

외로움이 묻고 철학이 답하다

수 있습니다. 가까운 듯 보이지만, 정작 내 깊은 이야기는 나누지 못하고, 상대도 나를 하나의 개성적 존재가 아니라 익숙한 어떤 역할로만 본다면, 우리는 스스로 "나는 결국 혼자구나"라고 느끼게 될지도 모릅니다. 부버가 제시한 '나―너' 관계는, 물리적 접촉을 넘어 서로를 온전한 인격으로 바라보고 이해하고자 하는 자세를 가리킵니다. 상대가 내게 이익을 주는 사람인지 아닌지를 넘어서, "당신은 당신만의 온전한 세계를 가진 존재"라는 사실을 받아들이는 순간, 거기서 비로소 참된 교감이 싹튼다는 것이지요.

현대사회는 물리적 거리를 좁히기가 수월해졌습니다. 핸드폰 하나면 언제든 연결되고, SNS를 통해 연락망을 넓히기도 쉽습니다. 그러나 동시에 정작 진짜 사람 대 사람의 만남은 오히려 희미해진 시대이기도 합니다. 친구 목록에는 수백 명이 떠 있어도, 막상 심야에 속 깊은 이야기를 털어놓을 대상이 마땅치 않은 경우가 많지요. 그래서 "가까이 있어도 먼 당신"이라는 낯선 소외감이 갈수록 커져만 갑니다. 부버의 논리를 빌리자면, 여기엔 '나—너'라는 진정한 만남의 부재가 뿌리를 내리고 있다고 볼 수 있습니다.

물론 가까운 관계를 형성하는 게 늘 쉽지만은 않습니다. 누군가에게 마음을 열려면, 그만큼 상처받을 위험도 감수해야 하고, 마찬가지로 그 사람 역시 나를 이해하려 애써 줘야 하니까요. 하지만 진정한 만남으로 발전하지 않으면, 가까워 보여도 서로 간의 외로움을 건드리지 못한 채 무디게 스쳐 지나갈 뿐입니다. 그래도 조금의 용기를 내어 "나는 네 이야기를 정말 듣고 싶어"라고 진심을 표현한다면, 혹은 "내가 이런 부분이 힘들다"라고 솔직히 털어놓으면, 비로소 '나—너' 관계의 문이 열릴지도 모릅니다.

가족 간에도 서로의 고민이나 가치관을 전혀 모른 채 생활만 공유하는 경우가 많습니다. 부버의 방식으로 보면, 이는 물리적 거리는 0에 가깝지만, 마음의 거리는 한없이 멀어진 '나—그것'의 전형이지요. 그럴 때 가족들끼리도 "왜 이렇게 소통이 안 될까?" "우리는 분명 한집에 사는데, 왜 이렇게 서먹하지?"라는 고민이 깊어질 수밖에 없습니다. 결국 '가깝지만 먼' 관계는 우리를 더 큰 외로움으로 몰아갑니다.

"상대가 하나의 세계를 가진 온전한 '너'임을 인식하는 순간, 우리는 그간 감춰 왔던 고독조차 조금씩 해소할 수 있다." 부버의 말대로, 사람을 그저 이해관계로만 대할 때, 표면적 교류만 오가고, 깊은 정서적 연결은 생기지 않습니다. 우리가 느끼는 소외감은 종종 "아무도 내 진짜 모습에 관심이 없으니, 나도 상대에게 굳이 마음을 열지 않겠다"라는 무의식적 태도에서 비롯되는지도 모릅니다. 그러나 누군가는 먼저 마음을 열어야, 두 사람 사이에 진정한 상호 이해가 피어납니다.

가까이 있어도 먼 당신, 그 거리감을 줄이기 위해서는 물리적 접근이 아니라 인격적 존중이 필요합니다. 그냥 함께 시간을 보내거나 잡담을 주고받는 것이 아니라, 상대가 느끼는 기쁨과 슬픔, 그리고 내면의 흔들림에 조금이라도 공감하는 노력이 필요하다는 뜻이지요. 부버는 "실제로 살아 있는 삶은 '만남Encounter'에서 시작된다"라고 역설했습니다. 그 말은, 내면 깊은 곳에서 서로를 '존재'로 느끼는 연결이 없으면, 우리가 백날 옆에 붙어 있어도 마음과 마음은 서로를 향해 열리지 않는다는 뜻이기도 합니다.

이제 "왜 이렇게 사람들이 곁에 많은데, 정작 나는 외롭다고 느낄까?"라는 질문이 들 때마다, "혹시 내가 상대를 '하나의 온전한 너'로 만나려는 노력을 소홀히 한 건 아닐까?" 하고 돌아보게 된다. 어떤 이에게 "진정한 너"가 되어 주려는 태도는, 겉치레나 계산된 친절이 아니라, 그가 가진 고유한 이야기나 감정을 기꺼이 들어 주고 싶다는 마음에서 시작됩니다. 그리고 그 태도가 상호 이어질 때, 우리는 한결 충만해진 마음으로 '가까이 있어도 먼 당신'이라는 외로움을 서서히 녹여 낼 수 있을 것입니다.

단절된 마음을 회복하는 길

담론에서 타자에게 다가간다는 것은
매 순간 생각이 넘쳐나는 그의 표현을 환영하는 것이다.

— 에마뉘엘 레비나스 —

　메신저를 통해 언제든 대화할 수 있고, 수많은 사람과 즉시 연결될 수 있는 시대가 되었습니다. 우리는 수천 킬로미터 떨어진 상대와도 단숨에 연락하고, 소셜미디어로 관계의 폭을 놀라울 정도로 확장하는 일이 한결 쉬워졌지요. 그런데도 정작 "왜 이렇게 많이 연결되어 있는데, 내가 느끼는 외로움은 사라지지 않을까?"라는 의문이 가슴 한편에 남아 있지 않나요? 물리적 거리를 줄이는 데는 성공했지만, 마음의 거리는 오히려 더

넓어지고 있는 건 아닐까요?

에마뉘엘 레비나스Emmanuel Lévinas가 말한 '얼굴face'은, 단순한 이미지를 넘어 "타인은 나와 같은 인격적 주체"라는 사실을 상기시켜 주는 상징입니다. 하지만 오늘날 우리는 화면 안에 뜨는 프로필이나 몇 줄의 메시지, 심지어는 짧은 영상을 소비하면서 '내가 이 사람을 안다'라고 착각할 수 있습니다. 정작 그 사람의 고유한 아픔이나 욕망, 삶의 이야기에는 관심을 두지 않은 채, 연결되어 있다는 '표면적 태'만을 흡족해하는 경우가 얼마나 많은지 모릅니다.

그래서일까요? 수백 개의 '좋아요'와 댓글이 달려도, 혼자 있을 때 밀려오는 고독감은 좀처럼 가시지 않습니다. 상대가 남긴 간단한 문구나 이모티콘을 통해서는, 그 영혼이 진짜로 무슨 말을 하려 하는지 알기 어렵습니다. 레비나스에 따르면, 우리는 상대의 '얼굴'을 '하나의 정보나 기호' 정도로 취급하며, 실존적 만남을 포기한 상태에 머물러 있을지 모릅니다. 이 때문에 마음 한편은 "이렇게 연결된 세상인데도, 왜 난 누구에게도 내

속내를 전부 이야기할 수 없나?"라는 쓸쓸함으로 가득 차게 되지요.

'진정한 대면'이란, 타자를 내 편의를 위한 대상이 아닌, 고유한 삶을 지닌 존재로 존중하겠다는 태도가 필요합니다. 디지털 기술 자체는 나쁘지 않습니다. 문제는 우리가 너무 빠르고 가볍게 정보를 소비하다 보니, 깊은 대화와 책임 있는 시선은 어느새 잃어버리기 쉽다는 데 있습니다. 온라인 공간에서 손쉽게 스크롤하며 다른 사람들의 삶을 엿보는 동안, 정작 그 사람이 겪는 고통이나 내면의 이야기에는 무심해질 수 있다는 것이지요.

레비나스는 "타자의 얼굴은 무한을 지녔다"라고 말합니다. 이는 우리가 타인을 정말 대면할 때 그 무한성 앞에서 '윤리적 책임감'이 솟아난다는 의미입니다. 즉, '이 사람은 나와 다른 세계를 가진 고유한 주체'라는 인식이 생길 때, 우리는 그 존재 앞에서 함부로 판단하거나 소모품처럼 대하기 어려워집니다. 그러나 지금의 빠른 연결 문화 속에서 타인은 하나의 콘텐츠나 가상의 존재쯤으로 여겨질 때가 많고, 그로 인해 아무리 대화가 오가도 내면 깊은 곳에서 느껴지는 외로움은 치유되지 않습니다.

역설적으로 '언제든 연결될 수 있다'는 편리함이 '진짜 만남' 자체를 피상적으로 생각하는 면이 있습니다. 일단 화면을 끄면, 그 사람도 사라져 버리는 것 같은 착각이 생겨서, 감정을 진솔히 나눌 필요를 덜 느끼거나, 상호 책임감이 줄어드는 것이지요. 그 결과 "왜 나는 이런 '단절감'을 떨쳐 내지 못할까?"라는 생각이 가중되기도 합니다.

'연결된 세상, 단절된 마음'이라는 역설을 깨뜨리려면, 단지 메시지를 주고받는 차원을 넘어, 상대를 한 명의 전인격적 존재로 마주하는 시간이 필요합니다. 어쩌면 그것이 온라인에서든 오프라인에서든, '이 사람에게 좀 더 집중하겠다'라는 마음에서 시작될지 모릅니다. 살갑고 세련된 말 몇 마디가 아니라, 그가 느끼는 고민이나 즐거움을 끈기 있게 들어 보는 적극적 태도, 혹은 내속마음을 조금 더 솔직하게 드러내는 용기가 필요한 순간이겠지요.

디지털 매체가 꼭 감정을 얕게 만든다고 단언할 순 없지만, 갈수록 속도를 높이는 온라인 문화에 적응하다 보면, 어느새 상대를 '하나의 기호'로 대하는 관습에 젖어 버릴 위험이 큽니다. 레비나스가 이야기한 타자의 얼굴을 '무한'으로 받아들이려면, 사람도 나처럼 아프고, 사랑하고, 성장하려는 욕구를 지닌 고유한 존재임을 잊지 않아야 합니다. 우리가 그 사실을 자꾸 놓치기 시작할 때, "이토록 연결돼 있으면서도 왜 이렇게 외로울까?"라는 물음이 끊임없이 울려 퍼지는 것입니다.

그러니 지금, 이 순간 혹시라도 대화창에 뜨는 친구의 메시지를 아무 생각 없이 흘려보내며, '자꾸 이런 대화가 공허해'라고 느낀다면, 레비나스의 말을 떠올려 보는 건 어떨까요? "이 사람을 하나의 얼굴로, 하나의 우주로 보고 있는가?" 화면 속 짧은 글자나 사진 뒤에 존재하는 타인의 삶을 조금이라도 상상해 보려는 노력, 그리고 그를 존중하겠다는 윤리적 시선이 곧 '단절된 마음'을 조금씩 회복시키는 시작점이 될 수 있습니다.

● ● ●

서로의 고유함을 알 때
우정은 깊어진다

친구가 없으면 다른 모든 재화가 있어도
아무도 살기를 선택하지 않을 것이다.
— 아리스토텔레스 —

　서로를 이해한다고 말하기는 쉽지만, 정말로 상대의
내면을 들여다본다는 것은 무척 어려운 일입니다. "내
가 다 알아"라는 피상적 위로보다, "정말 알고 싶다"라
는 열린 태도가 더 중요함을 우리는 종종 잊어버리곤
합니다.　아리스토텔레스Aristoteles는 《니코마코스 윤리학》
에서 우정friendship을 정의할 때, 상대를 '함께 선善을 추구
하고 성장해 갈 동반자'로 여기는 태도가 본질적이라고
말했습니다. 이는 곧, 막연히 "난 널 다 이해해"라고 말

하기보다는, "어떤 점에서 네가 힘든지, 무엇을 바라는지 구체적으로 알고 싶어"라고 다가서는 마음이 진정한 우정의 핵심이라는 의미이기도 합니다.

물론 우리는 서로를 '완전히' 이해할 수 없을지도 모릅니다. 삶의 배경도 다르고, 가치관이나 감정선도 천차만별이지요. 하지만 그 차이를 인정한 뒤, "내가 당신을 정말 알고 싶다"라는 자세로 귀 기울일 때, 비로소 관계가 피상적 수준을 넘어서게 됩니다. "네가 왜 우울한지, 어떤 고민을 안고 있는지, 속마음이 무엇인지 정말 궁금해"라는 문장을 상대에게 진심으로 건넬 수 있을 때, 비로소 마음이 통하는 작은 문이 열리기 시작합니다.

아리스토텔레스는 우정을 '서로가 함께 덕德을 추구하는 관계'라고 정의했습니다. 이는 단순히 '좋아하는 감정'만으로는 부족하다는 뜻입니다. 서로를 한 사람의 인격으로 대하고, 그 인격이 더 나은 방향으로 나아가도록 도와주겠다는 의지가 있어야 한다는 말이지요. 피상적인 공감이나 순간적 위로만으로는 '진짜로 이해하고 있다'라는 느낌을 주기 어렵습니다. "내가 얼마나 네 이야기를 알고 있고, 정말로 관심이 있느냐"가 훨씬 중요합니다.

예를 들어, 주변에서 "괜찮아, 다 잘될 거야"라는 말을 건네는 일이 흔합니다. 그러나 막상 그런 말을 들으면 "내 상황을 제대로 알지도 못하면서 괜찮다고만 하네"라고 더 서운해질 수도 있지요. 가장 중요한 건 "정말 네 이야기를 들으려 애쓴다"라는 태도, 그리고 "네 감정이나 상황을 되도록 구체적으로 알고 공감하려 한다"라는 마음입니다. "내가 당신을 이해할 수 있을까?"라는 겸손하고도 열린 물음이 오히려 깊은 친밀감을 만들어 냅니다.

관계를 유지하다 보면, 상대를 건성으로 대하거나, "네 사정은 알아서 잘하겠지" 하고 방치하는 태도가 쉬울 때도 있습니다. 하지만 그렇게 흘러가다 보면, 결국 서로를 '겉으로만 안다'라는 피상적 단계에 머물 가능성이 큽니다. 진정한 우정이나 사랑은, 아리스토텔레스가 말한 대로, 서로의 선함과 가능성을 향해 함께 손잡고 가야 할 책임을 감수하겠다는 결단이 있어야 피어납니다. 피상적 동행에 머무르지 않고 더 깊은 우정을 갖고 싶다면, 상대에 대해 "내가 다 안다"라는 자만 대신 "난 아직 네 생각을 더 알고 싶어"라는 호기심과 존중을 갖추어야 하겠지요.

'우리가 함께 선을 추구한다'라는 개념은 듣기에 거창해 보일 수 있습니다. 그러나 일상에서는 굳이 대단한 성취를 나누자는 의미가 아니라, "당신이 어떻게 살아가고 있고, 무엇을 갈망하는지, 어떤 가치관을 지니는지"에 대해 내가 끊임없이 물어보고 싶은 마음이라고 해석해 볼 수도 있습니다. 그렇게 물을 때, 상대는 "아, 이 사람은 정말 내 이야기를 중요하게 여기는구나"라는 신뢰를 느끼게 됩니다.

"이해한다"라는 말이 너무 쉽게 오가는 시대이지만, 실제로는 "어떤 부분을 더 설명해 줄래?" "네 진짜 감정이 뭘까?" 같은 질문을 잘 던지지 않습니다. 상대를 도식화하거나 "뭐, 다 비슷하겠지"라고 넘어가 버리기 쉽지요. 그러다 보니 숱한 대화와 인맥에도 마음속 깊은 곳에는 "정말로 나를 알아주는 사람은 없는 듯하다"라는 생각만 남게 됩니다. 결국 '내가 당신을 이해할 수 있을까?'라는 물음 자체를 던지지 않는다면, 우리가 진짜 교감을 이루기는 어렵습니다.

아리스토텔레스는 '서로의 고유함을 알 때 우정이 깊어진다'라고 말합니다. 다 알아서 편한 존재가 아니라, "아직 내가 모르는 부분이 많으니 더 배우고 싶다"라는 개방적 태도를 유지해야, 관계가 계속 성장합니다. 그것이 "내가 당신을 이해할 수 있을까?"라는 겸허한 질문으로 이어집니다. "그래, 나 아직 다 모르니까, 더 알고 싶어"라는 진심 어린 관심이 두 사람 사이를 훨씬 더 돈독하게 만들어 줍니다.

"내가 당신을 이해할 수 있을까?"라는 말은 곧 "정말 알고 싶다"라는 의지를 고백하는 문장입니다. 불완전함을 인정하면서, 상대의 이야기를 내 선입견이나 단정 없이 들을 준비가 됐음을 드러내는 태도입니다. 아리스토텔레스가 말하는 우정이 '서로의 덕을 알고 함께 자라나는 것'이라면, 그 출발점은 단순한 위로가 아니라 이런 진지한 관심에서 시작되는 게 아닐까요? 화려한 말투나 멋진 위로보다, 진심 어린 "네 이야기를 내가 좀 더 자세히 듣고 이해해 보고 싶어"라는 말이 실제로 더 큰 위안을 줍니다.

그러니 오늘부터 누군가와의 관계에서 "내가 당신을 정말 이해할 수 있을까?"라는 질문을 의식적으로 꺼내 보면 어떨까요? 처음엔 조금 낯설겠지만, 그 물음을 던지는 순간부터 상대는 "아, 이 사람은 내 이야기를 진짜 들으려 하는구나"라고 느낄 수 있을 겁니다. 그리고 그때부터 비로소 '피상적 위로'와는 다른, 한층 더 깊은 인간적 교감이 싹트지 않을까 하는 기대를 해봅니다.

왜 가까워질수록
더 아파지는가?

유동적인 현대인의 삶에는 영구적인 유대가 존재하지 않으며,
바로 이것이 삶을 '유동적'으로 만드는 요소이다.
— 지그문트 바우만 —

관계가 무르익어 갈수록, 서로에게 의지하는 마음도
커지지만, 그만큼 이별이나 갈등에 대한 두려움이 같이
증폭되는 경험을 할 때가 있습니다. 가까워질수록 상대
가 정말로 나를 떠나면 어쩌나 하는 불안이 커지고, 상
대 또한 내게 과도한 의존을 느끼면 마음 한편이 무거
워져 스스로 지치도록 만들 수 있습니다.

지그문트 바우만Zygmunt Bauman은 이를 '액체 근대liquid
modernity'라는 개념과 연결해, 현대사회의 유동적 인간관

계가 우리를 더욱 불안정하게 만든다고 지적했습니다. 곧 언제든 새로운 선택지가 열리고, 쉽게 이별할 수도 있는 환경이 조성된 시대이기에, 정작 깊이 신뢰하기가 어려워졌다는 것이지요.

"왜 가까워질수록 더 아파지는가?" 이 물음은 깊은 유대감 속에서 동시에 커가는 상호 의존과 그로 인한 두려움에 관한 이야기입니다. 서로를 이해하고 의지한다고 느낄수록, "만약 이 관계가 깨지면 어떡하지?"라는 불안이 자라납니다. 바우만의 말을 인용하면, '액체 근대의 인간관계는 언제든 흘러가 버릴 수 있고, 한 번 흐트러지면 다시 회복하기 어렵다'라는 위기감이 깔려 있습니다. 그러니 한편으론 상대와 친밀해지고 싶으면서도, 한편으론 너무 가까워졌을 때 발생할 상처가 두려워 거리 두기를 시도하는 모순이 생기는 겁니다.

우리는 SNS나 각종 온라인 매체를 통해 새로운 사람을 만나는 게 과거보다 훨씬 간단해졌습니다. 언제든 더 매력적인 이나 더 편한 대안을 찾을 수 있다는 가능성이, 이미 맺은 관계에 대한 신뢰를 약화시키는 아이러니를 낳습니다. 서로가 "지금 우리는 함께 있지만, 혹시 마음이 식거나 다른 매력을 찾으면 쉽게 흩어지겠지"라는 불안감을 은근히 품고 있을 수 있으니까요. 그 결과 가까워질수록, 마음 한편에는 "이 관계를 지키려면 더 많은 노력이 필요한데, 과연 그럴 가치가 있을까?"라는 의문이 생기기도 합니다.

"깊이 있는 친밀함은 상호 의존도 높은 상태이고, 그만큼 상처받을 위험도 크다." 그래서 어떤 이들은 차라리 가벼운 관계에 만족하려 합니다. 깊이 얽혔다가 배신당하거나 버림받는 고통을 겪으니, 애초에 일정 거리를 두고 만나자는 거지요. 그러나 그렇게 서로를 조심스레 회피하면, 결코 '정말 내가 믿고 의지할 사람'을 얻기 어렵습니다. 게다가 "왜 이렇게 외롭지?"라고 다시 반복적으로 묻게 되고, 가까이 있어도 서로에게 진심을 드러내기 어려운 역설이 반복되지요.

바우만은 이 상황을 '관계의 취약성이 극도로 커진 시대'라고 표현했습니다. 너무 많은 유혹과 선택지가 있으니, 우리는 언제든 이 관계를 버릴 수 있고, 상대도 나를 버릴 수 있다고 느낍니다. 그 불안정성이 관계가 깊어지는 걸 막아선 채, 서로 '최악의 시나리오'를 피하고자 조심만 하게 만든다는 것입니다. 그렇다 보니 진정한 열정이나 헌신 없이, 의무와 계산만 남은 상태가 이어지고, 그러면서도 마음속 깊은 갈증은 사라지지 않는 아이러니가 벌어집니다.

"왜 가까워질수록 더 아프냐?"라고 물을 때 우리가 바라봐야 하는 건 사실, '관계 자체의 두려움'이 아니라 '관계를 지속하려면 더욱 큰 신뢰와 책임을 감수해야 한다'라는 진실입니다. 깊어지려면 내 약한 부분을 드러내야 하고, 상대도 나를 의지할 수 있도록 마음의 문을 열어야 하며, 갈등이나 이별의 위험을 감수해야 합니다. 그래서 이 고통이 싫어서 거리를 두면, 가까운 척하면서도 정작 마음은 늘 오리무중에 놓이게 됩니다.

가까워질수록 느껴지는 아픔은 어쩌면, "나와 네가 서로의 존재를 더 진지하게 받아들이고 있다"라는 증거일 수도 있습니다. "이대로 네가 떠나 버리면 난 어쩌지?"라는 불안은, 내가 그만큼 상대에게 마음을 내주

었음을 뜻하지요. 물론 이 불안을 이겨 내지 못하면, 관계는 실패로 돌아가거나 계속 얕은 수준에 머물게 됩니다. 그러나 이 순간을 인내하며 "그래도 우린 더 솔직하게 믿어 볼 가치가 있어"라는 쪽을 선택하는 용기가, 결국 더 깊은 친밀감으로 이어집니다.

바우만에 따르면, 액체 근대 사회가 제공하는 '빠른 이동성'과 '손쉬운 대체 가능성'이 우리에게 편리함과 동시에 불안을 안겨 주는 것입니다. 원하는 관계가 마음에 들지 않으면 쉽게 떠날 수 있기에, 어떤 관계도 확신을 주기 어려워집니다. 따라서 결국 "가까워질수록 더 아프다"라는 역설은, 책임을 감수하지 않으면 깊은 친밀은 불가능하다는 사실을 환기해 줍니다.

그렇기에 우리가 이 아픔을 감수할 용기가 없다면, 평생 피상적 관계만을 반복할 수밖에 없습니다. "이별이 두려우니 아예 깊어지지 말자"라는 식의 태도는 안전해 보이지만, 진정한 지지나 연대를 얻기 어렵습니다. 밤에 문득 느껴지는 고독을 해소하려면, 어느 지점에서 "상처받을 위험이 있어도 믿어 보겠다"라는 의지

외로움이 묻고 철학이 답하다

로 한 걸음 더 다가가는 선택이 필요합니다. 그렇지 않으면, 액체처럼 쉽게 흘러가 버리는 인간관계의 표면을 맴돌면서 외로운 삶을 이어 가야만 하겠지요.

"더 친밀해지고 싶다면, 결국 아픔을 각오해야 한다." 바우만이 지적한 것처럼, 유동적 시대에는 그 어느 때보다 용기 있는 책임감이 필요한지도 모릅니다. 그 용기가 있을 때, 가까이 있어도 더 아파지는 이 역설을 넘어서, "그러나 그만큼 서로를 더 믿고 나아갈 만한 가치가 있다"라는 희망을 찾게 되지 않을까요?

● ● ●

스크린 너머의 그대를
진정으로 만나라

투명성 사회에서는 모든 사람이 자신을 끝없이 드러내야 하고,
진정한 거리감과 신비로움은 사라진다.

— 한병철 —

　스마트폰과 SNS가 일상의 일부가 되면서, 우리는 수많은 '관계'를 화면에 띄워 놓게 되었습니다. 수백 명의 친구 목록과 팔로워, 그리고 내가 올린 사진에 달리는 반응을 시시각각 확인할 수 있는 시대지요. 언뜻 보면 우리는 그 어느 때보다 많은 사람과 연결되고 있지만, 정작 내면 깊은 곳의 외로움은 더 짙어지는 아이러니를 경험하곤 합니다. 한병철은 이를 '투명사회Transparency Society의 역설'이라고 지적합니다. 서로에게 끊임없이 자

신을 노출하고, 보여 주려 애쓰지만, 정작 마음은 점점 더 고립되어 간다는 것이지요.

디지털 플랫폼 속에서는 관심과 인기를 수치화하기가 매우 쉽습니다. 좋아요, 구독자, 조회 수 같은 지표가 매일 업데이트되니, 자칫 잘못하면 나를 끊임없이 '소비'하고 '평가'받아야 한다는 강박에 빠지기 쉽습니다. 문제는 이렇게 겉으로 드러나는 숫자나 이미지가 늘어날수록, 진짜 내 내면은 제대로 표현되지 못한 채 스스로 폐쇄되어 간다는 사실입니다. 내가 받고 싶은 위로나 이해가 사실은 매우 구체적인 것일 텐데도, 사진이나 글 몇 줄, 영상 몇 개로 빠르게 소통하려다 보면, 정작 그 깊은 이야기는 건너뛰기 쉬우니까요.

한병철이 말하는 '투명사회'란, 서로가 서로에게 투명한 것으로 보이길 강요하고, 개인의 프라이버시나 감정의 영역조차 철저히 전시되기를 요구하는 분위기를 뜻합니다. 그 속에서 사람들은 자신의 이미지를 끊임없이 포장하고 어필하지만, 실제로는 점점 더 '진정한 나'를 보여 주지 않는 방식으로 자기 내면을 방치하기도 합니다. 예컨대, SNS에 즐겁고 멋진 순간만을 올리면서, 진짜로 힘든 감정이나 우울함은 숨겨 두고, 오히려 마음의 외로움은 날로 커가는 경우를 흔히 보게 되지요.

'스크린 너머의 그대'란, 이처럼 디지털 공간에서 멀리 있으면서도 실시간으로 연결된 듯 보이는 관계를 향한 호칭입니다. 서로 매일 게시물을 보며 반응은 하지만, 정작 깊은 대화를 주고받지 못한다면, 외로운 밤에 "내가 올린 게시물을 이렇게 많은 사람이 봤는데도, 정작 한 명도 내 마음은 몰라 주는구나"라는 쓸쓸함이 찾아오기 마련입니다. 겉보기에는 연결이지만, 실제로는 무관심이 난무하는 상태라면, 당연히 마음은 텅 빈 채 남을 수밖에 없습니다.

한병철에 따르면, 투명사회는 끊임없이 자신을 홍보하라고 강요하고, 다른 이의 홍보물을 호기심으로 소비하도록 부추기는 구조를 지니고 있습니다. 결국 우리는 서로를 '진짜 삶'이 아닌 '콘텐츠'로 바라보면서, 화려한 필터 뒤에 가려진 실제 마음은 점점 더 안 보게 되는 것이지요. 이때 외로움은 단순히 개인적 감정 문제가 아니라, 구조적 현상으로 심화됩니다. 자꾸 누군가에게 자신을 보여 주면서도, 진짜 취약함이나 힘든 부분은 말하지 않으려 하고, 남들도 나를 평가하는 데만 급급하니까요.

여기서 가장 큰 함정은, "이 정도 인정이면 괜찮겠지" 하고 숫자에 만족하려다가, 곧바로 더 큰 허무감에 사로잡히는 악순환입니다. '좋아요' 수백 개, 조회 수 수천 번을 받아도, "진짜 나를 듣고 이해하는 사람이 과연 몇이나 될까?"라는 근본적 물음은 해결되지 않습니다. 진솔한 대화와 소통 없이는, 어떠한 수치도 내 외로움을 진정으로 달래 주지 못한다는 것입니다.

우리 시대는 오히려 '스크린'을 통해 누군가에게 다가가기 쉬워졌지만, 실제로 감정의 결을 주고받는 순간은 줄어들었습니다. "댓글은 남기지만 마음을 열지는 않는다." "수백 명과 동시에 소통하는 듯하지만, 진짜 고민을 털어놓을 사람은 없다." 이런 역설이 커지니, 의도치 않게 개인의 고립감이 짙어지게 되는 것입니다. 밤이 되면 "다들 내 게시물을 봤을 텐데, 왜 아무도 내 심정을 알아주지 않을까?"라는 허무 속에 빠져드는 모습이 점점 흔해집니다.

그렇다면 어떻게 해야 '스크린 너머의 그대'를 진정으로 만나게 될까요? 아마도, 표면적 이미지를 소비하는 것을 넘어서, "내가 진짜로 궁금한 건 네 삶의 속사정과 감정이야. 편하게 말해 줘."라고 서로 이야기할 수 있어야 하겠지요. 그리고 그 과정에서 좀 더 솔직한 표현으로, "오늘 나는 이런 일이 힘들었고, 여기에 대해 네 생각은 어떠니?"라고 묻고 대답해 보는 노력이 필수적일 겁니다. 즉, 몇 마디 간단한 댓글만 주고받을 게 아니라, 깊이 있는 말 한마디, 원초적 고백 하나를 교환하려 애쓰지 않으면 결코 이 외로움의 벽은 허물어지지 않는다는 말입니다.

"스크린 너머에도 분명 '진짜 사람'이 있다." 한병철의 메시지는, 우리가 그 사실을 망각하기 쉽다는 점을 일깨웁니다. 세련된 영상이나 예쁘게 꾸민 사진이 아니라, 각자의 마음속에서 벌어지는 고뇌와 감정을 존중하겠다는 윤리적 태도가 없다면, 어떤 디지털 플랫폼

외로움이 묻고 철학이 답하다

도 진정한 만남의 장이 되기 어렵습니다. 그리고 이 윤리적 태도가 있을 때, 우리는 비로소 '스크린 너머의 그대'를 한 사람의 존재로 제대로 인식하고, 나 역시 좀 더 용기 내어 내 취약함을 보여 줄 수도 있게 됩니다. "나, 사실 오늘 많이 힘들었어."라는 한 문장이 SNS 채팅창에서 오가는 것만으로도, 마음 한구석의 외로움이 상당 부분 해소될 수 있으니까요.

숫자의 허상으로
채울 수 없는 마음

죽음의 시스템에서 모델의 중요한 기능인 실제는
다시는 스스로 생산할 기회를 얻지 못할 것이다.
— 장 보드리야르 —

SNS에 어떤 글이나 사진을 올리고 '좋아요'가 수십,
수백 개씩 달릴 때마다 우리는 잠시나마 짜릿한 기쁨을
느낄 수 있습니다. 그 숫자가 커질수록 "아, 이렇게 많
은 사람이 나를 지지해 주는구나"라는 착각 혹은 만족
감이 들기도 하지요. 그러나 장 보드리야르Jean Baudrillard가
말한 '시뮬라시옹Simulacra and Simulation'의 세계에서, 이런 '좋
아요'란 단순한 기호적 지표에 불과하며, 실제 공감이나
인간적 연결과는 다른 차원일 가능성이 큽니다. 막상

외로움이 묻고 철학이 답하다

'좋아요' 수백 개를 받아도, 정작 내 진짜 이야기를 깊이 들어주는 이는 찾기 힘들 때, 우리는 더 큰 허무감에 빠지고 말지요.

가령, 오늘 하루가 너무 힘들어서 SNS에 푸념 섞인 글을 올렸을 때, '좋아요'가 몰려든다고 해서 내 가슴속 상처가 곧장 치유되는 건 아닙니다. 어쩌면 그 숫자는 습관적으로 누른 사람들이 만들어 낸 기표일 뿐, "네가 왜 힘든지 알고 싶어"라고 말해 줄 사람은 한두 명도 안 될 수도 있지요. 보드리야르의 개념대로라면, 이런 '좋아요'나 간단한 반응이 '진짜 공감'을 시뮬레이션하는 기호로 작동하여 "내가 지금 사랑받고 있구나"라는 일시적 환영을 만들어 낼 뿐이라는 겁니다. 정작 밤이 되면 "그렇지만 아무도 내 속사정을 깊이 이해하지 않는 것 같아"라는 생각이 다시 몰려오고, 그러면 더 큰 외로움에 잠식되지요.

'좋아요' 숫자로 채워지는 마음이 점점 비대해질수록, 역설적으로 내 안의 공허는 깊어질 수도 있습니다. 왜냐하면 한 번 숫자에 의존하기 시작하면, 조금만 반응이 적어도 곧 "이번엔 왜 이렇게 반응이 없지? 내 가치가 떨어진 걸까?"라는 두려움이나 허탈감이 올라오기 쉽거든요. 보드리야르는 이런 기호 경쟁은 실제 내 감정이나 일상에는 별다른 변화가 없음에도 불구하고, 기호로만 나타나는 관심을 쫓아 끝없이 순환하는 '하이퍼리얼hyperreal' 상태에 갇히게 만든다고 말합니다.

가장 큰 함정은, 그 숫자가 많아질수록 "난 인정받았어"라는 심리적 보상을 느끼며 더욱더 그것에 매달리는 악순환입니다. 만약 그것이 갑자기 줄어들거나 SNS 환경이 바뀌면, 내 존재감이나 자존감까지 급락할 수 있지요. 이는 애초에 '좋아요'가 곧 내 진정한 가치나 소통을 의미하지 않는데도, 내가 그걸 실제 공감이나 애정으로 착각했기 때문일 것입니다. 결국, 눈에 보이는 숫자가 어느 날 사라지거나 현저히 떨어졌을 때, 더욱 공허해지고 외로워지는 결과가 돌아오는 거지요.

보드리야르는 '시뮬라시옹'으로 가득한 현대사회를 비판하면서, 우리는 이미 기호와 이미지에 파묻혀 '진짜'와 '가짜'를 구분하기 어렵게 된 상태라고 말했습니다. '좋아요'나 '구독자'라는 지표가 우리가 소망하는 '진정한 지지와 공감'을 완벽히 대체하지 못함에도, 그것을 실제 호의나 유대감으로 착각하게 되는 것이지요. 이 지점에서 우리가 고민해야 할 건, 숫자로 확인되는 관심에만 매달리다가 내면의 외로움이 더 커지지는 않는가 하는 문제입니다.

만약 어떤 사람이 '인정받고 싶다'라는 목마름을 '좋아요' 수로만 해결하려 하다 보면, 결국 일시적인 성취감 뒤에 "아직도 더 많은 반응이 필요해"라는 갈증이 밀려올 수 있습니다. 이때 내 영혼은 그 갈증을 해결하기보다, 또 다른 콘텐츠를 만들거나 더욱 극적인 SNS 활동으로 관심을 유도하려고 하겠지요. 하지만 그렇게 숫자를 늘리는 과정은 관계의 깊이가 아니라 오히려 '시뮬라시옹'을 증폭시키는 과정에 가까울 때가 많습니다.

"수백, 수천의 '좋아요'가 넘쳐도, 막상 눈을 마주하고 마음을 나눌 사람은 한 명도 찾기 어려울 수 있다." 이것이 '좋아요' 숫자에 매달리는 삶이 안고 있는 커다란 모순이지요. 사람들과 즉각 연결될 수는 있지만, 그 연결이 실제 친밀감이나 애정과 등치되지는 않습니다. 그래서 "이렇게 많은 이들이 내 글을 봤는데, 왜 내 진짜 모습은 누구도 알아주지 않는 걸까?"라는 혼란에 빠질 수밖에 없다는 것입니다.

한편, 우리가 이런 구조적 함정을 이해했다고 해서 SNS를 그만두거나 거리를 두는 것은 쉽지 않을 수도 있습니다. 이미 생활 양식이 되어 버렸고, 실제로 장점도 많으니까요. 다만 보드리야르가 경고하듯, '기호의 과잉'이 '실제 공감'을 대체하는 착각에 빠지지 않도록 스스로 경계할 필요는 있습니다. "이 숫자가 내가 원하는 진정한 연결이나 위로를 대변해 주고 있나? 혹은 단지 내가 그럴듯한 만족감을 느끼기 위해 소비하는 미끼일 뿐인가?"를 가끔 물어보는 것입니다.

'좋아요' 숫자로 채우는 마음은 디지털 시대가 제공하는 거짓 충족에 가까운 경우가 많으며, 진짜 의미 있는 위로나 소통은 그 숫자에 의존하지 않는 더 깊은 대화나 관계 속에서 피어난다는 사실을 다시금 생각해 볼 수 있겠습니다. 온전한 만남은 자동화된 클릭으로 완성

되지 않고, 서로의 내면을 천천히 이해하려는 실제 노력에서 비롯된다는 진실을 잊지 않는다면, '좋아요'가 아무리 달려도 휩쓸리지 않을 차분한 시선을 지닐 수 있을 것입니다.

● ● ●

타인의 시선에 비친
나를 발견하라

사랑은 자신 이외의 다른 존재가 실재한다는 극도로 어려운 깨달음이다.
— 아이리스 머독 —

누군가가 내게 "너는 이런 면이 있어"라고 지적해 줄 때, 예상치 못했던 내 모습이 드러나서 당황스럽거나, 혹은 의외로 '나에게 이런 좋은 점이 있었나?'라는 새 발견을 하기도 합니다. 바로 그 순간, 우리는 "내가 언제부터 이런 표정을 짓게 됐지?" "내가 정말로 이런 성향이 었나?"라는 질문과 마주하게 되지요. 아이리스 머독Iris Murdoch은 타인의 시선을 통해 우리가 자기 자신을 새로이 보게 되는 순간에, 인간적 성장이 일어난다고 말했습니다. 즉, 사랑이나 우정은 '상대를 현실적 개체로 바라보게 하고, 동시에 나를 그 시선 속에서 돌아보게 하는' 기능을 한다는 것이지요.

머독은 이 과정을 '타인의 얼굴이 내 결함과 가능성을 비춰주는 거울'이라고 보았습니다. 누군가가 나를 깊이 주목하고 피드백해 줄 때, 나는 애써 외면했던 약점을 정확히 직면하거나, 몰랐던 장점을 발견하며 놀라워질 수 있다는 겁니다. "나는 분명 열심히 노력했는데, 상대가 보기엔 너무 자기중심적으로 보였구나." "내가 별 생각 없이 했던 행동이, 이 사람에게는 큰 위로가 되었구나." 이런 깨달음은 스스로 도달하기가 쉽지 않지만, 타인의 눈과 말 한마디를 통해 비로소 분명해지곤 합니다.

그렇다고 해서 우리는 타인의 시선에 무조건 휘둘려야 한다는 뜻은 아닙니다. 오히려 중요한 건 '상대가 나를 어떤 의도로, 어떻게 바라보는가?' 하는 점입니다. 머독은 "진정한 사랑 혹은 우정 안에서 서로를 바라볼 때, 우리는 그 사람이 단순한 기능이나 배경이 아니라,

존엄한 존재라는 사실을 인식한다"라고 말합니다. 그 시선이 서로 교차할 때, 타인의 눈에 비친 나는 단순한 이미지가 아니라 '내가 아직 보지 못한 내면까지도 밝혀 주는 빛'이 될 수 있습니다.

"왜 이렇게 외롭고 이해받지 못한다고 느끼나?"라는 물음을 생각해 보면, 혹시나 주변에 나를 정말로 살펴 보는 시선이 없어서가 아닌지 돌아볼 필요가 있습니다. 피상적인 인정이나 무심한 칭찬을 들어 만족하다 보면, 정작 내 진짜 단점이나 고통을 알려 주는 사람은 사라 지게 되지요. "네가 이런 점을 고치면 더 좋겠어" 혹은 "네게는 이런 놀라운 면이 있어"라는 말은 듣기에 따라 부담스럽지만, 그것이 머독이 말하는 '진정으로 서로를 바라보는 시선'의 핵심일 수 있습니다.

정작 우리는 주변에 그렇게 진지하게 나를 바라봐 줄 사람을 잘 두지 못하거나, 내 스스로도 누군가를 진심 으로 관찰하고 피드백해 줄 마음을 내지 못할 때가 많 습니다. 그 결과, 누구도 "당신이 이 부분에서 성장할 여지가 많아" 혹은 "이런 장점이 있으니 좀 더 살려 봐"

같은 말을 해 주지 않는다면, 나는 내 가능성과 그림자를 애매하게 놓친 채 머무르게 됩니다. '타인의 눈에 비친 나'는 외로움을 치유할 단서가 되기도 하고, 한편으로는 내가 나를 왜 이렇게 외롭게 느끼는지 분석해 볼 기회가 되기도 합니다.

머독은 사랑이란, 그것이 '자기중심성을 벗어나 타인의 실재를 발견하는 일'이라고 말합니다. 이 문장은 관계 일반에도 적용될 수 있습니다. 상대가 보는 내 모습을 통해, 나는 "아, 내가 이런 식으로 남들을 힘들게 할 수도 있구나"를 깨달을 수 있고, "이 부분에서 내가 생각보다 강인했네"라고 안도감을 얻을 수도 있지요. 물론, 거친 비난이거나 왜곡된 평가라면 상처받을 수 있겠지만, 진실한 호의를 바탕으로 한 시선이라면, 그 피드백은 내게 소중한 자각을 선물합니다.

"자기 몰랐던 면을 타인의 눈을 통해 발견할 때, 우리는 외로움을 해소할 실마리도 함께 찾게 된다." 나를 나답게 묘사해 주고, 때로는 나를 일깨워 주는 타인이 한 명이라도 있다면, 우리는 "그래, 적어도 이 사람은 나를 제대로 보고 있구나"라는 안도 속에 외로움을 덜어낼 힘을 얻습니다. 결국, 완벽한 이해가 아닐지라도, 상대가 나를 주의 깊게 보고 있다는 사실 자체가 "나는 혼자가 아니구나"라는 감각을 자라게 하니까요.

그래서 누군가 내게 "너는 이런 점에서 참 따뜻해"라고 말해 주거나, "넌 그런 습관 때문에 가끔 오해를 사는 것 같아"라고 솔직히 지적해 줄 때, 혹은 "요즘 많이 지쳐 보이는데 괜찮아?"라고 민감하게 반응해 줄 때, 우리는 "이 사람이 나를 허투루 보지 않는구나"라고 깨닫고 마음을 엽니다. 머독에 의하면, 그렇게 사랑 어린 시선이 교차할 때, 우리는 외로움을 한층 덜어낼 수 있는 진정한 '만남'을 경험하는 것입니다. 궁극적으로 '당신의 눈에 비친 나'가 깊고 선한 시선이 될수록, 그 눈빛이 내 내면의 풍경을 더욱 풍요롭게 밝혀 줄 수 있으니까요.

외로움이 묻고 철학이 답하다

• • •

함께일 때 외롭지 않다

존재한다는 것은 함께한다는 것이다.
다른 사람들로부터 나 자신을 고립시키는 한,
나는 축소되고 중요한 의미에서 존재하지 않게 된다.
— 가브리엘 마르셀 —

요즘 문득, "함께 있어도 왜 외롭게 느껴질까?"라는
생각이 들 때가 있습니다. 가족과 연인이 곁에 있고, 친
구들과 자주 만나 수다도 떨지만, 마음 한구석이 여전
히 서늘하게 텅 빈 것 같은 느낌이 떠나질 않습니다. 그
렇다면 혹시 우리가 '물리적으로 곁에 있음'을 넘어서
진정한 '함께'로 이어지는 길을 놓치고 있는 건 아닐까
요? 가브리엘 마르셀Gabriel Marcel은 "존재한다는 건, 곧 함
께 존재하는 것"이라고 말했습니다. 타인과 동거하거나

물리적 생활공간을 공유하는 것 이상의 의미를 담아, "내가 너의 존재를 진심으로 수용하고, 너 역시 내 존재를 존중해 줄 때, 비로소 우리는 생생하게 살아 있게 된다"라는 통찰이지요.

'함께'라는 말이 요즘처럼 가볍게 소비되는 시대에 오히려 더 절실한 의미로 다가옵니다. 가장 깊은 친밀감은 단지 시간을 같이 보낸다고 생겨나는 게 아니라, 서로를 '진정한 주체'로 인정하고 지지해 주겠다는 결심에서 피어납니다. 물리적 공간에서 매일 부딪혀도, 서로의 고유한 목소리를 듣지 않는다면, 얼마든지 '함께인데도 혼자'일 수 있고, 그 외로움은 점점 커 갑니다.

마르셀의 철학에서 말하는 '함께 있음'은 눈앞의 상대에게 마음의 문을 열고, 그 존재를 적극적으로 환대하겠다는 태도와 연결됩니다. "네가 어떤 것을 두려워하고, 무엇을 바라는지 구체적으로 알고 싶다"라는 물음이 오가야, 단순한 동거나 표면적 교류를 넘어 신뢰가 쌓이기 시작하니까요. '우리가 함께일 때'라는 말은, 단지 한 지붕 아래 머무는 사실을 뜻하지 않습니다. 그것은 "네가 내게 의지해도 되고, 나도 너에게 기대어도 된다는 약속"이 깔려 있어야만 성립될 수 있습니다.

문득 고개를 들어 주변 사람들을 떠올려 보면, 나는 그들과 얼마나 진지하게 마음을 나누고 있었을까요? 그저 습관적으로 "잘 지내?" "응, 잘 지내" 같은 인사만 나누는 건 아닐까요? 만약 상대가 진짜로 힘든 이야기를 꺼냈을 때, 내가 과연 충분히 들어 줄 준비가 되어 있었는지, 혹은 '조금 과하다 싶을 정도로' 서로를 믿어 보겠다는 태도를 보여 주었는지 되돌아볼 필요가 있습니다. "그가 떠나도 어쩔 수 없지"라는 식으로 마음을 단단히 닫아 둔 채, 정작 겉으로만 '함께'라고 말하고 있진 않은지요?

함께라는 감각은, 상대가 나를 지지해 줄 거라는 믿음과 동시에 나도 그를 지켜 주겠다는 의지가 교차할 때 명료해집니다. 심리적으로 불안을 느낄 때, 우리가 가장 갈급해하는 건 '누군가는 나를 끝까지 잡아 주겠지'라는 안도감이지요. 그리고 그 안도감이 현실이 되려면, 서로가 서툴러도 함께 해결해 보겠다는 결심이 필요합니다. 마르셀에 따르면, "내가 너를 단순한 도구나 타인으로 여기는 게 아니라, 너의 고유함을 살아 있는 신비로 받아들이겠다"라는 인식이 있어야, 우리가 정말로 함께 걷고 있다는 실감이 생긴다는 것입니다.

'멈추지 않는 다정함'이야말로 꼭 전하고 싶은 메시지입니다. 사람이 한 번 가까워졌다고 영원히 같을 수는 없지만, 적어도 상대가 약해지거나 흔들릴 때, 나 역시 함께 흔들리며 붙들어 주겠다는 마음을 포기하지 않는다면, 그게 바로 '우리가 함께일 때'의 진정한 모습이라고 믿습니다. 어떤 갈등이 생겨도 함부로 던져 버리지 않고, 대화와 신뢰로 어떻게든 메워 가려는 성실함이 뒷받침되면, 물리적 거리는 멀어도 마음의 거리는 유지될 수 있습니다.

그렇게 서로를 안심시키고 보듬어 줄 때, '우리는 함께라는 사실'은 말만이 아닌 실제 체험이 됩니다. 언젠가 불확실한 위기가 닥쳐도, "적어도 네가 있으니 함께 버텨 보자" 하고 같이 울고 웃을 수 있다면, 외로움이라는 감정은 한결 가벼워질 겁니다. 마르셀이 말하는 '존재는 함께함'이란, 결국 "나와 네가 서로에게 구체적인 희망이 되자"라는 선언이기도 합니다. 어떤 절망이 와도, 내가 확실히 붙잡아 줄 존재가 있고, 나도 그에게 기꺼이 붙잡힐 수 있다고 믿는다면, 외로움은 예전만큼 크지 않을 테니까요.

'함께일 때 비로소 익어 가는 신뢰' 이 말은 상투적인 표현 같지만, 깊이 보면 간단치 않은 약속입니다. 서로가 서로에게 진심으로 귀 기울이고, 어렵거나 위태로운 상황도 스스럼없이 나누는 과정에서만 이루어집니다. 그래서 오늘 밤, 혹시 나를 떠날까 봐 두려운 마음이 크다면, 혹은 누군가의 아픔을 내가 감당하기 힘들 것 같다면, 마르셀의 조언을 떠올려 보길 권합니다. "그의 존재가 분명 내게 필요하며, 나 또한 그의 필요 속에서 존중받는다"라는 깨달음은, 함께라는 말이 '실질적 약속이 되는 힘'이기 때문입니다.

3장

공간과
시간 속의
고독

● ● ●

도시의 밤이 열어 주는
고요와 상상력

> 고요한 밤에는 상상력이 자유롭게 돌아다닌다.
> 우리가 그것을 격퇴하는 것을 멈추면
> 우리는 전례 없는 고독의 차원으로 들어간다.
>
> ― 가스통 바슐라르 ―

　바쁜 낮 시간대의 도시는 수많은 사람과 소음, 광고
판 불빛으로 가득 차 있습니다. 낮의 도시는 속도와 효
율이라는 논리에 사로잡힌 채, 우리의 사소한 감정이나
결핍을 미뤄 두게 만들지요. 그 틈바구니에서 우리는
스스로 느끼는 외로움을 눈치채지 못하기도 합니다. 그
러나 밤이 찾아오면 도시는 또 다른 얼굴로 변모하고,
그 어둠 속에서 우리는 눈치채지 못했던 의외의 쓸쓸함
과 만나게 됩니다.

가스통 바슐라르Gaston Bachelard는 '밤이 열어 주는 고요와 상상력의 장場'을 통해, 우리가 낮에 눌러 왔던 감정이나 욕망을 새롭게 마주할 수 있다고 말합니다. 도시의 밤은, 낮에 가려져 있던 내면의 풍경을 비추어 내는 하나의 거울과 같습니다. 낮에는 소란과 업무로 가려진 문제들이, 밤의 고요한 거리 위를 거닐 때 서서히 드러나는 것입니다.

예컨대, 무심하게 불 꺼진 골목을 걷다가, 밤공기의 냉랭함이나 어두운 하늘 아래 번지는 실루엣을 마주하는 순간, "아, 이 도시에 이렇게 고요한 모습도 있었구나" 하고 새삼 깨닫게 됩니다. 그 낯선 정적이 때론 마음을 스산하게 만들지만, 동시에 스스로 돌아볼 기회를 제공하기도 합니다. 낮에는 생각조차 못 했던 내 내면의 불안이나 상실감이, 밤의 차분함 속에서 서서히 떠오르는 겁니다.

바슐라르가 언급한 '밤의 상상력'은 단순히 어둠에 대한 공포를 부정하는 게 아니라, 그 어둠을 통해 마음 깊은 곳에서 잔잔히 흔들리는 감정을 발견하는 힘입니다.

낮에 묻혀 있던 상처나 추억이, 도시의 불빛이 하나둘 꺼지고 난 뒤 어둠 속에서 되살아나는 경험을 해 본 적이 있으신가요? 때로는 거기서 "아, 내가 이런 부분에서 소외감을 느끼고 있었구나"라고 가슴 깊이 자각하기도 합니다.

이렇듯 도시가 불 꺼진 모습으로 누워 있을 때, 우리는 "내가 이곳에서 어떻게 살아왔나?"를 조용히 되돌아볼 수 있게 됩니다. 낮의 효율과 경쟁에 매몰되어 있을 때와 달리, '밤의 도시를 걷는 일'은 내면의 소리를 스스로 들어 보는 '사색의 무대'가 되어 준다고도 할 수 있지요. 다른 이들이 모두 잠든 시간에 홀로 거리를 걸으면, 내 발걸음 소리 하나하나가 마음속 깊은 대화가 되어 돌려 오기도 합니다.

물론 누군가는 밤의 도시에 대해 두려움을 느낄 수 있습니다. 밤거리가 위험할 수 있다는 현실적 우려도 있고, 어둠 속에서는 낮에 억눌렀던 감정까지 더 선명히 떠올라, 괜히 마음이 무거워지는 경험을 할 수도 있으니까요. 하지만 바슐라르에 따르면, 그 두려움조차

'내가 감춰 두었던 어떤 면을 다시 만나게 해 주는 상상력의 문'으로 작용할 수 있습니다. 밤의 쓸쓸함을 도외시하기보다, 그 감정이 어디서 비롯되는지 살펴보는 시도를 해보면 어떨까요?

'도시의 밤을 걷는' 행위는, 한낱 '산책' 이상의 의미가 있습니다. 불빛이 흐릿해져 가는 거리마다 남은 하루의 온기와 피로, 그리고 무수한 사람들의 기억이 허공에 맴돌고 있을지도 모릅니다. 어쩌면 내가 맞닥뜨리는 이 쓸쓸한 골목이, 낮 동안 미뤄 둔 고민이나 미완의 감정을 새삼스럽게 꺼내 보게 해 줄 수 있습니다. 바슐라르가 말한 '밤의 상상력'은, 우리가 이를 무조건 내쫓으려 하기보다, 그 불편함까지 자기 삶의 일부로 수용하려 할 때 작동하는 것입니다.

낮에 분주히 달려 온 뒤, 밤이 되어 가만히 도심의 불 꺼진 길을 걸을 때 "왜 이렇게 외롭지?"라는 질문이 올라온다면, 그 물음을 서둘러 밀어내기보다 한 번쯤 진지하게 들여다보길 권합니다. "내가 낮 동안 제대로 돌보지 않았던 감정이 무엇일까?" "어떤 결핍이 이 밤의 어둠 속에서 나를 흔드나?"라는 물음을 던질 수 있는 기회가 열리니까요. 그리고 그것이 막연한 두려움이 아니라, 내 실제 고민을 구체화하는 작은 실마리가 될 수 있습니다.

바슐라르가 말하는 "공간은 시가 될 수 있고, 우리는 그 시를 해석하는 독자"라는 통찰은, 도시의 밤이라는 공간을 통해 내면의 이야기를 새롭게 써 내려갈 수 있다는 뜻과도 맞닿아 있습니다. 낮과는 전혀 다른 도시의 침묵과 그림자 사이에서, 우리는 우리가 미처 인식하지 못했던 감정과 용기를 발견할 수 있습니다. 가끔은 과감히 늦은 시간의 거리를 걸어 보면서, 그 속에서 들려오는 내면의 목소리에 귀 기울여 보면 어떨까요? 의외로, 혼자인 것 같지만 허무하지 않은 고독의 순간이, 우리 삶을 더 깊게 성찰하게 만드는 강력한 스승이 돼 줄지도 모릅니다.

● ● ●

고독이 없는 삶은
지도 없이 항해하는 배와 같다

고독만큼 좋은 동반자는 찾지 못했다.

— 헨리 데이비드 소로 —

헨리 데이비드 소로Henry David Thoreau는 숲속 호숫가 작은 오두막에서 '월든'의 사유를 펼치며, 자발적 고독을 하나의 미덕으로 내세웠습니다. 세상의 소음과 분주함에서 한 걸음 물러나, 오롯이 혼자 머무는 시간이 때론 우리 삶을 송두리째 바꿀 결심의 출발점이 될 수 있다는 의미였지요. 현대에서는 그렇게 극단적으로 자연에 들어가 살기 어렵지만, 집 안에서 스스로 돌아볼 수 있는 고유한 시간이 주는 힘은 여전히 유효합니다. 바쁜 일정 가운데서 잠시라도 혼자 있을 여유가 사라진다면, 결국 우리의 영혼은 끊임없이 외부 자극에 휩쓸려 쉴 없이 방황하기 쉽습니다.

"내면의 목소리는 고요함 속에서만 들을 수 있다"라는 말처럼, 실제로 우리는 일과 관계에 매달리는 동안 누적된 상처와 결핍을 인식하지 못하다가, 혼자 방에 있을 때 비로소 "내가 정말 괴로워하고 있구나"를 깨닫게 되곤 합니다. 많은 이들은 '내 방이 내 안식처'라고 말하지만, 막상 방에 홀로 있으면 소외감이 더 크게 불어나는 역설을 경험하기도 하지요. 소로에 따르면, 그럴수록 '바깥 소음이 사라진 순간에야 진짜 내면을 직면하게 되기 때문'이라고 말합니다.

때로 우리는 그 적막함이 두려워서 TV나 스마트폰 같은 외부 소리에 의존합니다. 하지만 침묵을 회피할수록, 정작 자신에게서 더 멀어지고 외로움은 더 깊어집니다. 반면에 소로는 자연 속에서 '그 적막을 맨몸으로 견뎌 봄'으로써 마음의 방향을 훨씬 선명하게 파악할 수 있었다고 말합니다. 물론 누구나 숲속 오두막을 마련할 순 없지만, 일상에서도 '조용히 스스로 돌아보는 습관'을 의식적으로 만들 수 있지 않을까요?

"내가 요즘 왜 이렇게 무의미함을 느끼지?"라는 질문을 제대로 떠올리려면, 소란을 잠시 끄고 홀로 있는 시간이 필요합니다. 고독한 순간이 없는 삶은 지도 없이 항해하는 배와 같다고 볼 수 있습니다. "뭘 원하고, 무엇이 날 힘들게 하는가?"를 묻기 시작하면, 그게 이미 자기 치유와 성장의 첫 단추이지요. 그리고 그 단추를 채우는 과정이 고독 속에서 이루어진다는 사실이 새삼스럽게 다가옵니다.

소로가 자발적 고독을 택한 이유는, 사회의 목소리와 기대에서 잠시 벗어나 '진짜' 내 목소리를 듣고 싶었기 때문입니다. 진정한 자아를 발견하는 여정은 홀로 걷는 고요한 숲길과 비슷합니다. 우리는 누구나 자기가 속한 도시 한복판의 작은 방에서, 혹은 잠깐의 휴식 시간에라도 숲길을 발견할 수 있습니다. 전자기기가 켜져 있고, 가족이나 룸메이트가 드나드는 환경이라 해도, 하루 중 얼마간이라도 아예 알림을 차단하고 스스로에 집중하는 버릇을 기르는 것입니다. 그 짧은 시간조차 지키기 쉽지 않지만, 꾸준히 해보면 생각보다 큰 변화를 체감할 수 있습니다.

고독한 시간을 충분히 누리다 보면, 어느새 그동안 회피했던 고민이나 숨겨 둔 욕망과 마주하게 됩니다. 우리는 혼자 있는 시간에 비로소 자신의 진짜 질문을 만나게 됩니다. 대인관계의 피로, 미래에 대한 막연한 불안, 직장 내 갈등 등, 이런 문제들이 "내가 이 부분에서 인정 욕구를 느낀 거였구나" "사실 좀 쉬고 싶었는데 참아 왔구나" 같은 식으로 구체화되는 것입니다. 그 구체화가 이루어지면, 혼자라는 감정은 단지 '나를 옥죄는 감옥'이 아니라, '스스로 정비하고 재정비하는 서재'가 됩니다.

고독은 공포의 대상이 아니라 현명한 스승이 될 수 있다는 사실이 소로가 남긴 중요한 메시지입니다. 그 역시 숲으로 들어간 초기엔 외롭고 힘들었겠지만, 그 과정을 통해 더 맑은 통찰을 얻게 되었지요. 물론 모두가 이렇게 고독을 반길 수 있는 건 아닙니다. 혼자 있기를 힘들어하는 사람도 많고, 어쩌면 나 자신조차 직면하기 싫은 상처가 클 수도 있으니까요. 그런데도 소로가 시사하듯, 결국 그 두려움을 그대로 방치하기보다 조금씩 익숙해지도록 훈련하면, 혼자만의 시간은 상처를 치유하는 첫 발걸음이 될 수 있습니다.

무언가를 애써 미루며 분주히 지냈다면, "솔직히 나는 내 마음을 만나기 두려워했는지도 모른다"라는 자각이 찾아올 수도 있습니다. 우리가 회피해 온 침묵 속에, 사실 가장 필요한 답이 숨어 있을지 모릅니다. 이 깨달음이 오면, 우리는 스스로 좀 더 너그러워지고, 또 필요로 하는 변화를 찾는 데 민감해집니다. '혼자만의 방'에서 누리는 고독은, 소로가 숲에서 얻은 통찰만큼이나 우리를 정화하고 가다듬는 힘을 지니고 있습니다.

자발적 고독은 언제든 돌아갈 수 있는 내면의 고향을 만들어 줍니다. 바쁘고 시끄러운 세상에서도 의식적으로 그 공간과 시간을 마련해 본다면, 예상 밖의 평온과 통찰을 맛볼 수 있을 겁니다. "한 걸음 물러나 혼자 머무는 방이 때론 삶을 바꾸는 결심의 출발점이 된다"라

외로움이 묻고 철학이 답하다

는 말이 허언이 아님을, 우리는 곧 체감하게 될지도 모릅니다. 마치 소로가 한가로운 숲속에서 '자신에게 돌아가는 길'을 찾았듯, 우리도 작은 방이나 잠깐의 고요를 통해 '나 자신과 재회하는 순간'을 맞이할 수 있습니다.

••••

우리는 별의 물질로
만들어졌다

우리 DNA의 질소, 치아의 칼슘, 혈액의 철분,
사과파이의 탄소는 붕괴하는 별의 내부에서 만들어졌다.
우리는 별의 재료로 만들어졌다.

— 칼 세이건 —

    밤하늘을 올려다볼 때, 반짝이는 별들이 우리에게 무
언가 말을 거는 듯한 기분이 들지 않나요? 낮에는 미
처 생각하지 못했던 거대한 우주의 풍경이, 깜깜한 어
둠 속에서 비로소 또렷이 드러납니다. 칼 세이건은 "인
간이 별에서 만들어진 물질로 이루어졌다"라고 말하
며, 우리가 우주 속에서 홀로 떨어진 존재가 아니라, 광
대한 별의 역사와 떼려야 뗄 수 없는 연관성을 지닌다
고 일깨웠습니다. 그 시선에 따르면, 별들을 바라보는

건 곧 우주가 펼쳐 낸 장대한 드라마의 한 장면을 목격하는 것이고, 동시에 "나는 그 일부로서 존재한다."라는 사실을 깨닫는 계기가 되기도 합니다.

우리는 밤하늘의 별빛을 보며 "저 멀리 빛나는 저 별은 얼마나 거대하고 오래됐을까?" 하고 궁금해합니다. 그러나 정작 우리 자신이 그 별의 물질과 똑같은 원소로 이루어져 있다는 사실은 잊을 때가 많습니다. 세이건은 이를 "우리는 별에서 온 재료로 만들어졌다"라는 말로 표현했습니다. 별의 폭발로 생겨난 원소들이 우주 공간을 떠돌고, 그것이 행성과 생명체를 이루는 물질이 되었다는 과학적 사실이, 동시에 인간 존재의 시적이고도 철학적인 면모를 보여 줍니다.

'별에게 말을 건다'는 것은, 우리가 밤하늘을 바라보며 느끼는 고독과 경이를 함축해 줍니다. 낮에는 도시의 소음과 일상적 과제들에 파묻혀 이 우주가 얼마나 광대하고, 내가 그 안에서 얼마나 작은지 실감하기 어렵습니다. 그러나 어둠이 내려앉은 뒤, 별빛을 찬찬히 바라보다 보면, "내가 이곳에서 과연 어떤 의미를 지닐 수 있을까?"라는 근원적 질문이 자연스레 떠오르게 됩니다. 그리고 그 질문을 던지는 순간, 인간이 느끼는 근본적 외로움이 우리를 더 큰 경이감과 사색으로 이끌 수도 있습니다.

세이건이 "우리는 별의 물질로 이루어졌다"라고 했을 때, 그것은 과학적 사실이면서 동시에 깊은 위안이 되기도 합니다. 인간이 우주 앞에 얼마나 미약한 존재인지 깨닫는 동시에, 내가 이런 우주의 역사와 연결되어 있다는 놀라운 사실을 상기하게 되니까요. 밤하늘의 별을 바라보는 행위는 고독한 듯 보이지만, 사실은 우주 전체와 비밀스럽게 연결되어 있다는 안도감으로 이어질 수 있습니다.

가령, 우리가 종일 일에 시달리고, 때론 인간관계의 갈등에 머리가 복잡해졌을 때, 문득 밤하늘을 보며 "이 모든 고민이 우주의 시간에 비하면 얼마나 작은가?"라고 자문해 보면, 그 고민이 완전히 사라지진 않아도, 적어도 "나는 이 우주의 한 부분이구나"라는 겸허한 시야가 생깁니다. 그렇게 시야가 확장되면, 어떤 문제는 의

외로 가벼워지고, 또 어떤 감정은 더 근본적인 의미로 거듭날 수도 있습니다.

바쁜 현대인은 별을 직접 보는 일이 쉽지는 않지만, 조금만 도심의 불빛을 피해 밤하늘을 차분히 바라볼 기회를 만들면, 스스로가 우주에 속해 있음을 새삼 깨닫게 됩니다. 잠시 SNS나 여타 잡음을 끄고, "저 별빛은 얼마나 먼 여행을 거쳐 내 눈앞에 도달했을까?" "나는 이 우주에서 어떤 삶을 만들어 가고 있나?"라는 질문을 던져 보는 겁니다. 이 순간의 사유가 막연한 외로움을 넘어 더 큰 질서와 연결감을 느끼게 해 주기도 합니다.

사실, 이 질문들에 분명한 답이 있는 건 아닙니다. 세이건이 말했듯, 우주가 얼마나 광대하고 불확실한지 알수록, 우리는 더 큰 신비와 허무를 동시에 느끼게 됩니다. 하지만 우주가 침묵한다 해도, 우리는 스스로에 '나는 왜 살아가고, 무엇을 추구하며, 어디서 위안을 얻을까?'라는 물음을 던질 수 있는 존재입니다. 이런 근원적 물음이 인간에게만 허락된 특권이기도 하죠.

그러니 오늘 밤 혹시 마음이 텅 빈 듯 느껴진다면, 별에게 말을 걸어 보길 권합니다. 잠시 핸드폰을 내려놓고 하늘을 바라보며 "나는 우주의 어느 한 점이지만, 동시에 이 우주의 역사를 짊어진 특별한 생명체이기도 해"라고 속삭여 보세요. 그 속에서 막연했던 외로움이 좀 더 '우주의 한 부분이 된 고독'으로 전환되고, 생각보다 큰 안도감을 가져다줄지도 모릅니다. 칼 세이건이 전해 준 '우리는 별에서 비롯된 존재'라는 깨달음이, 바로 그 안도감의 문을 살짝 열어 줄 것입니다.

세상 속에 던져진
나를 깨닫다

현존재(거기-존재)는 자신의 피투성 속에서
자신의 '거기'로부터 자유롭지 못하며, 오히려 자신이 될 수 있는
바로 그것이 되어야 한다는 사실에 항상 내맡겨져 있다.
— 마르틴 하이데거 —

우리는 태어나는 순간부터 자신이 선택하지 않은 시대와 환경, 문화와 관계 속으로 이미 '던져져' 있습니다. "세상 속에 던져져 있다"라는 하이데거의 말은, 내가 태어날 장소나 시기를 결정할 수 없듯, 존재 자체가 한계와 상황에 둘러싸인 상태로 시작된다는 인간 조건을 가리키지요. 이 사실을 자각하면, 때로는 "어쩔 수 없이 사는 건가?" 하는 무력감이 찾아오기도 합니다. 그러나 마르틴 하이데거Martin Heidegger는 바로 이 '던져짐'

을 인식하는 순간, 우리의 자유가 열릴 수 있다고 말합니다.

곰곰이 생각해 보면, 타인의 기대와 사회의 압력에 밀려 내 본모습을 잃어갈 때, 우리는 깊은 외로움을 느끼곤 합니다. 마치 기계적으로 프로그램된 듯이 살아가는 자신을 볼 때, "나는 왜 이렇게 수동적으로 굴러가고 있지?" 하는 허무가 밀려오는 것이지요. 하이데거는 이를 '비본래성inauthenticity'과 연결 지었습니다. 남이 다 하는 대로, 시대가 정해 놓은 기준에 편하게 스며들어 살면, 처음에는 편할 수 있어도 어느 순간 "나는 정말 내가 원하는 걸 하고 있나?"라는 의문에 부딪힐 수밖에 없다고 말입니다.

세상의 물결에 몸을 맡기고 휩쓸려 가면, 자신이 누구인지조차 흐릿해져 버립니다. 하지만 하이데거는 "던져짐이 곧 무기력이 아니다"라고 역설합니다. 내가 선택하지 않은 조건 안에 존재할 수밖에 없지만, 그 안에서 '본래로' 살아갈지, 아니면 '비본래로' 머무를지는 내 결단에 달려 있다는 얘기입니다. 던져졌다는 사실 자체는 바꿀 수 없어도, 그 사실을 어떻게 해석하고 반응할 지는 얼마든지 내가 결정할 수 있다는 것입니다.

회사나 학교에서 맡게 된 역할이 내게 맞지 않게 느 껴져도, "그냥 시키는 대로 사는 수밖에 없지"라고 체념 할 수도 있고, "이게 정말 내가 원하는 방향인가?"라고 끊임없이 물으며 다른 길을 모색할 수도 있습니다. 그 런 질문이 깊어질수록, 누군가는 "내 존재를 이렇게 소 비하고 싶지 않아"라고 결정하며, 새로운 시도를 계획 할지도 모릅니다. 이것이 하이데거가 말한 실존적 불안 과 결단의 지점입니다. 불안은 고통스럽지만, 동시에 '던져져 있음'을 부정하지 않고 '본래의 가능성'을 모색 하도록 이끌어 줍니다.

"왜 이렇게 삶이 고단하고 외로운가?"라는 물음에 대 한 하이데거의 대답은, "내가. 내가 아닌 채로 살고 있 을 때, 그런 소외와 공허가 극대화된다"라는 통찰로 이 어집니다. 타인의 시선이나 제도의 압박에 온전히 함몰 된 상태에서, 내 진짜 바람이나 가치를 제대로 돌아보 지 않는다면, 어느새 삶이 무의미해지는 느낌에 사로잡힐 수밖에 없습니다. 그래서 그는 '던져졌음을 깨닫는 순간이 곧 존재를 새롭게 재편할 수 있는 계기'라고 강조했습니다. 아무리 커다란 틀이나 외부 조건에 묶여 있어도, 그 틀을 인식하고 내 '본래 욕구'와 결합해 스스로 길을 만드는 시도가 가능하다는 것입니다.

'던져졌다'라는 사실이 곧바로 절망으로 이어지는 건 아닙니다. 오히려, 내가 이런 시대와 장소에 태어났고, 그러한 상황을 무시할 수 없지만, 그 안에서 '어떻게 살 것인가?'라는 내가 결정할 자유가 남아 있다는 자각으로 이어질 수 있습니다. 그것이 하이데거가 말한 실존적 비약飛躍입니다. 외부 조건만 탓하고 스스로 주도권을 포기해 버리면, 결국 일종의 '비본래성' 속에서 영원히 방황하겠지만, 설령 환경이 제한적이더라도 "이 틀 안에서 내가 진정 원하고 바꿀 수 있는 부분은 무엇인가?"를 탐색하기 시작하면, 그것이 나를 본래인 삶으로 이끄는 첫걸음이 된다는 것이지요.

'세상 속에 던져진 나'라는 인식은 고독을 피하지 않고 직면함으로써 스스로 책임지는 태도로 이어질 수 있습니다. 진정한 자유는 조건 없는 자유가 아니라, '주어진 한계 안에서 내가 내 선택을 인정하고 걸어가는' 데서 싹트니까요. 어느 순간 주변이나 시대가 주입한 가치에 순응하기보다, '나는 어떻게 살아갈 것인지'를 자신에게 묻고 답하면, 비록 그 질문은 고독하고 불안할지언정, 그 속에서 존재의 힘이 솟아오릅니다.

하이데거의 핵심 메시지는 단순합니다. "우리는 이미 세상에 던져져 있지만, 그 사실을 깨달았기에 오히려 본래성을 추구할 자유를 가진다." 주어진 조건에 순응만 하지 말고, 그것을 인식한 뒤 "그래도 내가 진짜 원하는 건 무엇인가?"를 묻고 실천하라는 겁니다. 물론 그 여정은 외롭고 두려울 수도 있습니다. 그러나 외로움이야말로 "내가 어떻게 해야 내 삶을 온전히 살 수 있을지"를 진지하게 마주하게 만드는 힘이 될 수 있습니다.

그래서 하이데거는 던져진다는 사실을 운명론이나 절망이 아니라, 실존적 각성으로 전환하라고 강조했던 것이지요. "이미 세계에 배치되어 있지만, 그 배치를 넘어서 존재 가능성을 열어 가는 삶"이 바로 우리가 추구할 수 있는 본래성이고, 그 과정에서 느껴지는 고독은 더 이상 무의미한 상실감이 아니라 스스로 깨우는 동력으로 빛나게 됩니다.

외로움이 묻고 철학이 답하다

●●●

내가 머무는 자리 역시
내가 한 선택의 결과다

자유를 의지하는 것과 존재를 드러내고자 의지하는 것은
하나의 동일한 선택이다.

― 시몬 드 보부아르 ―

오늘 창밖을 보며 생각했습니다. 내가 지금 머무는 이 자리는 과연 내 자유로운 선택의 결과일까? 아니면 어쩔 수 없이 흘러온 강물 같은 운명일까? 사람들은 종종 '환경 때문에, 시대 탓에, 가족 사정상'이라며 자기 삶의 위치를 정당화하거나, 반대로 '나는 어쩔 수 없이 여기 온 것'이라며 억울함을 느끼기도 합니다. 그러나 시몬 드 보부아르Simone de Beauvoir는 이렇게 말합니다. 우리 가 처해 있는 이 자리가 설령 스스로 선택하지 않은 조건이라 하더라도, "내가 거기에 부여하는 의미와 책임을 어떻게 생각하느냐?"가 곧 우리의 자유를 증명하는 열쇠가 된다는 것입니다.

또한 자유와 책임을 자각할 때 "나는 왜 여기 머무는가?"라는 질문이 전혀 다른 무게로 다가오기 때문입니다. 어쩔 수 없는 조건이라고 한탄만 한다면, 내게 주어진 이 자리에서 어떤 의미도 찾지 못한 채 헤맬 수밖에 없습니다. 하지만 "내가 지금 이 상황을 선택하고, 여기에 의미를 부여하겠다"라고 마음먹는 순간, 억울함과 무기력은 훨씬 줄어들고, 삶에 대한 주체적 태도가 생겨나기 시작합니다. 이는 보부아르가 말한 "자유에 대한 긍정과 책임 수용"의 핵심입니다.

내가 사는 도시나 집, 혹은 내가 속한 조직이나 관계가 나를 완전히 규정하지는 못합니다. 물론 주변 환경이 큰 영향을 주긴 하지만, 그 환경 속에서 "어떻게 살아갈지"를 결정하는 주체는 언제나 '나'라는 사실이 중요합니다. 이때 "내가 왜 이렇게 선택했고, 현재 이 자리에 머무르게 되었는지"를 되짚어 보는 일이 필요합니다. 그건 궁극적으로 나 자신에게 솔직해지는 과정이기도 하지요. 만약 다른 길이 있었는데도 외면했다면, 내가 그 외면을 '선택'한 셈이 될 테니까요.

'이 자리에 머무는 이유'를 찾으려면, 먼저 "내가 정말 바랐던 건 무엇인가?" "무엇 때문에 다른 선택을 하지 않고 여기 남아 있게 됐나?" 같은 질문을 해야 합니다. 보부아르에 따르면, 우리가 환경을 탓하는 것은 쉽지만, 자유의 무거운 책임을 인식하지 않으면 결코 자기 삶을 주체적으로 살기 어렵습니다. 내가 이유를 부여하지 못한 채 그냥 떠밀려 온 자리라면, 그곳에서의 삶도 허탈하고 반복적인 고독감에 시달릴 뿐입니다.

그러나 한 번 "아, 지금 이곳에 머무르는 건 내 결정이기도 하구나. 이 자리에 대한 의미도 내가 스스로 만들어 갈 수 있겠구나"라고 깨닫고 나면, 억눌림은 훨씬 줄어듭니다. 그 깨달음이 곧 "맞아, 그래서 내가 여기에 계속 머물겠어. 다른 곳에 옮길 수도 있지만, 지금은 이 선택을 책임지고 해 볼래"라는 마음으로 이어질 수 있습니다. 물론 그 과정에서 실패나 후회도 일어나겠지만, 적어도 "나는 이 길을 내가 원해서 택했다"라고 느낀다면, 억울함보다는 도전과 성취의 감각을 더 크게 맛볼 수 있습니다.

'자유와 책임은 떼려야 뗄 수 없는 사이'라는 보부아르의 말은 핵심적으로 강조하고 싶은 부분입니다. 내가 지금 머무는 자리에서 불편한 감정이 든다면, 그건 얼마든지 개선해야 할 지점이 있다는 신호이기도 하지만, 동시에 "내가 정말 이런 길을 걷고 있는가, 아니면 도망치는 걸까?"를 돌아보게 만듭니다. 여기가 싫으면 다른 선택지를 모색하는 것도 자유의 몫이지만, 그렇게 움직이지 않기로 했다면, 그 선택에 대한 책임 또한 내게 있음을 인정해야 한다는 얘기지요.

그런 맥락에서, '이 자리에 머무른다'라는 행위 역시 소극적 태도가 아니라 적극적 선택이 될 수 있습니다. 흔히 사람들은 어떤 공간이나 상황에 오래 머무는 걸 정체나 인내라고만 보지만, 사실 거기에도 자의적 결심과 의미 부여가 작동하고 있을 수 있거든요. "나는 이 일을 계속하기로 했고, 여기서 어떻게든 내 역량을 발휘하겠어." "이 관계를 지키려고 노력해 볼래, 그리고 그러는 동안 내가 어떤 면에서 성장하는지도 살펴볼 거야." 이런 생각들은 곧 나를 더 온전한 자유 속으로 이끌어 주기도 합니다.

'내가 머무는 자리 역시 내가 한 선택의 결과'라는 말은 차갑게 들릴 수도 있지만, 한편으론 얼마나 많은 힘을 갖게 해주는지 모릅니다. 지금도 나는 내 위치를 재정의하고, 만약 그것이 마음에 들지 않는다면 차차 다른 방향을 모색할 권리와 책임을 함께 쥐고 있죠. 보부아르가 일깨우는 건, 이런 결정을 타인이 대신 내려 줄 수 없으며, 결국 스스로 찾아내야 한다는 사실입니다. 그 고독한 결단 과정이 때로 우리를 외롭게 하지만, 동시에 우리를 살아 있게 만드는 핵심 동력 아닐까요?

오늘 밤, 혹시 "내가 이 자리에 머무르는 의미가 뭘까? 왜 이렇게 불편하고 답답하지?"라는 질문이 올라온다면, 한번 진지하게 물어보세요. "사실 내가 이 자리를 떠날 수 있음에도 떠나지 않은 이유는 뭘까?" "혹은 다른 선택지도 있지만, 왜 여기에 남아 있을까?" 그 답변 속에서, 설령 미처 알아차리지 못한 욕망이나 신념이 발견될 수도 있습니다. 그리고 그 순간, 보부아르가 말한 자유와 책임이 나를 더 큰 진실로 인도할지도 모릅니다. "지금 이 자리도 결국 내가 허락한 공간"이라는 사실을 깨닫는 순간, 억울함이 아니라 주체적인 시선이 살아나니 말이죠.

"인생이란 답을 찾는 것이 아니라,
질문을 던지는 과정이다."

— 소크라테스 —

4장

존재의
무게를
견디며

외로움은
의미를 갈망하는 신호다

> 모든 불안의 깊은 곳에는 무無에 대한 불안,
> 곧 자신의 존재 의미가 위협받고 있다는
> 자각이 자리하고 있다.
> — 폴 틸리히 —

인간은 때로 "왜 이렇게 근본적으로 쓸쓸한가?"라는 질문에 맞닥뜨리곤 합니다. 주변에 친구나 가족이 있어도, 삶의 표면은 분주하고 안정되어 보여도, 밤이 되면 "내가 여기서 무슨 의미를 찾을 수 있을까?" 하는 공허가 밀려옵니다. 폴 틸리히Paul Tillich가 '실존적 불안'을 말했을 때, 그것은 단순한 심리적 우울이 아니라, 우리가 지닌 근본적 갈망과 불안이 부딪히는 지점에서 발생하는 강렬한 물음을 가리켰습니다. 즉, "나는 어디서 왔으며,

어디로 가고 있으며, 왜 이렇게 한없이 연약하고 허무함을 느끼는가?"라는 질문이 한 번이라도 든다면, 그 불안은 인생 전체를 향한 더 큰 갈망의 흔적일 수도 있다는 것입니다.

우리는 모두 궁극적으로 의미와 가치를 찾으려 하지만, 세상은 명백하게 답해 주지 않습니다. 사랑, 성공, 돈, 명예 등으로 순간적인 충족감을 얻을 수 있어도, "정말 이것으로 충분한가?"라고 자문하는 순간이 반드시 찾아오지요. "인간이 왜 외로운가?"라는 가장 근본적인 질문을 틸리히에게 묻는다면, '인간이 유한성과 무의미의 가능성을 동시에 의식하기 때문일 것'이라고 말합니다. 언젠가 죽음에 이를 운명이고, 내가 이룬 것조차 허무로 이어질지 모른다는 생각이 깊어질 때, 우리는 유례없는 외로움과 공포에 사로잡힐 수 있습니다.

하지만 틸리히는 '실존적 불안'이 오히려 인간을 더 깊은 의미 추구로 이끌 수 있다고 보았습니다. 단순한 결핍 수준의 외로움이 아니라, "나는 이 세상에 던져진 존재로서, 결국 무엇을 해야 하는가?"라는 근본 물음이 실존을 흔드는 순간에, 사람은 더 진지한 용기를 내어 보이지 않는 길로 나아갈 수 있다는 것이지요. 만약 무의미라는 벽을 전혀 의식하지 못한다면, 우리는 그저 피상적인 목표에만 매달려 살다가, 어떤 충격적인 계기에 허무에 휩쓸릴 수밖에 없을 것입니다.

"왜 이렇게 외로운가?"를 물어보는 행위 자체가 이미 인간이 의미를 갈망하고 있다는 증거라는 점이 틸리히의 중요한 통찰입니다. 마치 극도로 목마른 사람이 물을 찾듯, 큰 외로움을 느낀다는 것은 내가 근본적으로 충족되길 원하는 갈증을 지니고 있다는 뜻이니까요. 그리고 이 갈증이야말로 내가 진정으로 추구해야 할 가치나 길을 탐색하도록 독려하는 신호가 되기도 합니다.

물론, 이 불안이나 허무가 사라지는 건 아닙니다. 인간이 유한함을 뛰어넘을 순 없으니까요. 틸리히는 "그럼에도 불구하고 용기를 내야 한다"라고 역설합니다. "결국 모든 게 무의미하다"라는 절망에 굴복하기보다, 그 무의미 속에서도 행동을 지속하고, 스스로 어떤 의미를 부여하는 결단을 내리는 것입니다. "나는 왜 살고,

어디서 만족을 느끼며, 무엇을 남기고자 하는가?"라는 물음에 답을 찾기 위해, 작은 실천이라도 이어 가는 태도가 곧 '용기'를 상징합니다.

이러한 실존적 불안을 회피하면, 우리는 피상적 즐거움에 몰두하다가도 밤이 되면 더욱 깊은 고독에 빠질 수밖에 없습니다. 사회가 준 여러 목표를 달성해도, '내가 정말 원하고 믿는 것'이 무엇인지 깨닫지 못하면 만족이 길지 않기 때문이지요. 그런 의미에서, "왜 이렇게 외로운가?"라는 질문을 회피하지 않고 대면하는 순간, 인간은 영적인 혹은 실존적 각성을 시작할 수 있다는 것이 틸리히의 메시지입니다.

우리가 느끼는 근원적 외로움은 삶의 표면을 넘어 더 깊은 영역으로 초대하는 신호일 수도 있습니다. 단순히 누군가의 관심이나 물질적 풍요만으로는 메워지지 않는 그 허전함이, '나'를 더 큰 의미와 가치로 부르는 통로로 작동한다는 것입니다. 그래서 "나는 왜 이토록 쓸쓸한가?"라는 질문 자체가 헛된 게 아니라, 오히려 존재의 뿌리를 향해 가는 길일지도 모릅니다.

외로움이 묻고 철학이 답하다

이 질문에 정답이 있는 것은 아닙니다. 하지만 질문을 던지고 탐색하는 과정에서, "내가 목말라 하는 것은 무엇인가?"를 발견할 수 있고, 그 갈증에 응답하려는 시도를 통해 이전보다 더 다채로운 삶의 색깔을 찾게 되지 않을까요? 틸리히는 그 시도가 인간에게 주어진 '실존적 자유'이자 동시에 '실존적 책임'이라 말합니다. 불안이 크다는 건 내가 아직 무언가 열렬히 바라고 있다는 증거고, 그 바람은 행동으로 표출될 때, 외로움 또한 새로운 길을 찾게 해 주는 연료가 됩니다.

혹시 오늘 밤, 이유 없이 밀려드는 허무감을 느낀다면, 그 순간을 반가운 손님처럼 맞이해 보면 어떨까요? "아, 이 외로움이 내게 전하고자 하는 메시지는 뭘까?"라고 물어보는 겁니다. 그 작고 쓸쓸한 목소리를 따라가다 보면, 언젠가 우리가 미처 눈치채지 못한 의미나 열망과 마주하게 될 수 있습니다. 그리고 그것이야말로 틸리히가 말한 '실존적 불안'을 "더 큰 이해와 행동"으로 전환하는 단서가 되어 줄 테니까요.

●　●　●

무의미한 세계 앞에서
절망할 때

진정으로 심각한 철학적 문제는 단 하나뿐이며, 그것은 바로 자살이다.
삶이 살 가치가 있는지 없는지를 판단하는 것은
철학의 근본적인 질문에 답하는 것과 다름없다.

— 알베르 카뮈 —

　인간이 무의미한 세계 앞에서 절망할 때, "왜 이토록
허무하고 외로운가?"라는 질문은 가장 극단적인 방식으
로 우리를 압박합니다. 알베르 카뮈Albert Camus가 말한 '부
조리absurde'는, 인간이 의미를 원하지만, 우주는 그 의미
를 선뜻 내어놓지 않는 모순에서 비롯되지요. "결국 죽
음뿐이라면, 살아갈 이유는 있는 걸까?"라는 의문이, 어
느 날 우리 마음 한구석을 날카롭게 찌를 때가 있지 않
나요?

카뮈에게 있어 부조리란, 내면 깊은 갈망과 침묵하는 세상이 충돌하는 지점에서 발생하는 심연 같은 감각입니다. 인간은 끊임없이 삶의 목적과 가치를 찾으려 하지만, 우주는 딱히 명료한 답을 주지 않고 침묵으로 일관하니, 이 사이에서 강렬한 허무감이 피어나는 겁니다. 그 허무감은 외로움으로 이어지며, "내가 이 세상에 속해 있긴 한 걸까?" 하고 낯설음을 느끼게 만듭니다. 그러나 카뮈는 "그렇다면 그렇다고 해서 모든 걸 끝낼 것이냐, 아니면 이 부조리에 '반항적 긍정'으로 맞설 것이냐?"라는 선택을 제안했습니다.

반복되는 허무와 싸우는 인간의 모습은 《시지프 신화》에서 상징적으로 그려 낸 시지프에 비유됩니다. 바위를 힘겹게 정상에 올려놓았다 싶으면, 다시 굴러떨어져 버리는 무의미한 노동이 끝없이 반복되는 셈이지요. 그럼에도 시지프는 행위를 멈추지 않고 바위를 밀어 올리면서, '행위 자체' 속에서 의미를 창조해 냅니다. 카뮈는 이 의지를 '반항적 긍정'이라고 불렀고, '우리는 시지프를 행복한 존재로 상상해야 한다'라고 결론지었지요.

'무의미한 세계에서의 외로움'은 삶이 마치 거대한 농담처럼 보일 때 생기는 필연적 감정이라 할 수 있습니다. 사랑도, 업적도, 결국 시간 앞에 무너질 뿐이라면, '대체 무엇 때문에 애쓰는 걸까?' 하는 의문이 우리의 마음을 무겁게 누르곤 합니다. 하지만 카뮈가 강조한 건, '무의미'라고 느껴지는 세계에 맞서서도 행동을 지속하고, "내가 직접 의미를 부여하겠다"라는 자세입니다. 우주가 의미를 선물해 주지 않아도, 인간이 스스로 '내가 오늘 할 일' '내가 원하는 일'을 찾아 결단하는 행위 속에서 고독을 헤쳐 나갈 수 있는 것입니다.

　부조리가 흔들어 대는 공포와 외로움을 이겨 내기 위해, 우리는 때로 초월적인 존재나 종교에 의지하기도 합니다. 그러나 카뮈는 그 길을 선택하지 않았고, 대신 '그래도 계속 살아가겠다'라는 선택 자체가 인간의 존엄을 증명한다고 보았습니다. "이 모든 게 허무라 해도, 나는 오늘 일어나 다시 바위를 밀겠다"라는 결심은, 다분히 모순적이지만 동시에 가장 인간다운 모습이기도 합니다. 바로 이 결심이, 우리가 허무와 외로움을 무조건적 절망으로 치닫지 않고, 삶을 이어 갈 수 있도록 지탱하는 힘이 되어 준다는 사실입니다.

'부조리와 의미'라는 말은, 인간이 무의미를 느끼는 순간이 오히려 스스로 의미를 창조할 기회가 되기도 한다는 역설을 내포합니다. 수많은 사람이 "이렇게 살아 봐야 무슨 소용이 있나?"라는 물음에 빠지지만, 그 물음이 없다면 애초에 새로운 시도나 열망도 일어나지 않을 테니까요. 외로움과 허무는 우리에게 "그럼에도 불구하고, 무엇을 하겠는가?"라는 거대한 질문을 던집니다. 그리고 이 질문에 답하기 위한 노력 속에서, 우리는 삶을 좀 더 의식적으로 지탱해 가게 됩니다.

물론, 이 반항적 긍정이 모든 외로움을 싹 지우지는 못합니다. 세상은 침묵하고, 우리는 유한성을 벗어날 수 없으니까요. 그래도 카뮈가 말한 시지프의 모습에 따르면, 행위 그 자체가 허무의 한가운데서도 의외의 희열과 자유를 안겨 줄 수 있습니다. "그래, 다시 돌을 굴려도 또 떨어질지 모르지만, 난 계속 시도해 볼 거야." 이 정신은 "왜 이렇게 외롭고 허무한가?"라는 문제

의식에 묶여 있던 우리의 발을 풀어 주는 열쇠일지 모릅니다.

만약 오늘 "내가 하는 일이 다 허무한 게 아닐까?" 하는 생각에 사로잡혀 우울하다면, 카뮈의 말을 떠올려 보세요. 무의미 속에서도 행위를 지속하고, 스스로 창조해 가려는 반항적 용기가 가장 인간다운 무기입니다. 그 용기가 깃드는 순간, 외로움은 더 이상 파멸적 허무가 아니라, '내가 다시 바위를 밀어 올릴 이유'를 찾게 만들어 주는 신호가 되지 않을까요?

몸과 마음이 균형을 이룰 때
온전하다

인간의 조건이란, 인간은 조건 지어진 존재라는 것이다.
인간이 접하는 모든 것은 즉각적으로 그들의 존재 조건이 된다.

— 한나 아렌트 —

우리는 끊임없이 세상과 교류하며 활동하지만, 정작
내면의 사유를 소홀히 하면 몸과 마음이 따로 노는 듯
한 분열감을 느끼게 됩니다. 한나 아렌트Hannah Arendt가 '인
간은 조건 지어진 존재'라고 말했듯이, 우리가 행동을
통해 외부 세계와 관계를 맺으면서도 자신만의 생각이
나 성찰하지 않으면, 어느 순간 공허한 결핍이 찾아올
수밖에 없습니다. 오늘날 우리가 느끼는 외로움은 종종
이처럼 몸은 계속 움직이는데, 마음속 질문이나 상처가

생기는 차이 때문입니다.

　우리는 SNS나 업무, 혹은 인간관계의 숱한 요구사항에 쫓기면서도, 스스로 정작 '내가 지금 무엇을 원하고, 어디서 상처받았는지'를 묻지 않은 채 하루를 보내곤 합니다. 그러다 "나는 이렇게 열심히 살고 있는데, 왜 이토록 허전하지?" 하고 허무해지는 것이지요. 아렌트는 인간의 삶은 '동적 삶vita activa'과 '관조적 삶vita contemplativa'이 균형을 이룰 때 비로소 온전해질 수 있다고 말합니다. 즉, 외부와 끊임없이 교류하며 움직이는 몸의 활동만 강조하다 보면, 내면의 소리는 점차 희미해져 버리고, 결국 피상적인 연결 속에서 깊은 외로움을 겪게 될 위험이 커진다는 말입니다.

　"몸이 밖으로 향하는 에너지를 내보내는 만큼, 마음역시 안으로 들어갈 통로를 열어 둬야 한다." 종일 사람을 만나거나 정보를 쫓으며 분주히 지내다가도, 잠시 멈춰서 '내 감정은 지금 어떤 상태인지'를 관찰하거나, '오늘 내가 한 결정에 대해 어떻게 생각하는지'를 정리할 시간이 있어야, 몸과 마음이 하나로 통합될 수 있습니다. 만약 이를 전혀 하지 않으면, 일이나 인간관계는 확장되는데도 영혼의 갈증은 더 심해지게 됩니다.

아렌트의 '조건 지어진 존재'라는 개념은, 우리가 태어나면 곧바로 특정 시대·문화·상황에 묶이지만, 자기 내면의 사유가 완전히 지워지는 게 아니라는 점을 시사합니다. 바깥에선 수많은 일이 나를 찾아오지만, 그 경험들이 내 안에 제대로 각인되려면 내면 작업이 필요하다는 이야기지요. 사람들과 대화하고 갈등을 겪은 뒤에도, 그것을 단순히 '사건'으로만 치부하지 않고, 내가 어떤 감정을 느꼈고 왜 그랬는지를 곰곰이 곱씹으면, 한층 더 깊은 성찰로 이어질 수 있습니다.

만약 이 과정을 생략한다면, 몸은 활발히 움직이면서도 마음은 그에 동의하거나 이해하지 못한 채 뒤처져 있거나, 혹은 전혀 다른 욕망을 간직하고 있을 수도 있습니다. 그렇게 몸과 마음이 분열된 상태가 오래 지속되면, 결국 우리는 "왜 이렇게 허전하고 소외감이 들까?"라는 외로움의 함정에 빠지고 맙니다. 대인관계도 마찬가지입니다. 아무리 많은 사람을 만나고 교류해도,

내 안의 생각이나 감정을 내가 먼저 정리하고 음미하지 않으면, 피상적인 소통만 반복하다가 공허함이 더 깊어질 수 있지요.

그렇다면 어떻게 해야 할까요? 아렌트에 의하면, 의도적으로라도 '관조적 삶'의 순간을 일상에 심어야 합니다. 잠깐이라도 휴대전화를 멀리하고, 다른 사람의 시선이나 요구에서 벗어나 오롯이 '내 느낌을 받아들이는' 시간을 가져 보는 겁니다. 그 몇 분이나 몇십 분이야말로 몸의 활동과 마음의 성찰을 연결해 주는 귀한 시간이 될 수 있습니다. "오늘 나는 이 사건에 대해 어떤 생각을 했나?" "어떤 말이 나를 아프게 했고, 무엇을 필요로 하나?"라는 간단한 물음들이 쌓이면, 어느새 활동적 삶과 사유적 삶이 균형을 찾게 됩니다.

'몸과 마음의 관계'란, 우리가 외부와의 접촉이나 활동을 계속 이어 가면서도 자기 내면을 돌보는 노력을 멈추지 않는 태도를 말합니다. 아렌트가 경계한 것은, 오직 '활동'만 존재하고 내면적·관조적 차원이 결여된 상태였지요. 우리는 세상에 발을 내디디고 끊임없이 움직이지만, 그 움직임에 관한 생각이나 감정을 정돈하지 않으면, 점차 깊은 결핍과 소외감에 사로잡히게 됩니다. 결국, 몸과 마음을 연결하는 가장 확실한 길은, '내가 어떤 상황에서 무엇을 느꼈는지'를 내가 직접 기록하고 성찰해 보는 수고로움일지도 모릅니다.

이렇게 균형이 맞춰지면, 우리는 더 이상 밖으로만 몰두하거나 안으로만 침잠하지 않습니다. 세상의 활동적 측면과 내면의 관조적 측면이 서로 대립하면서, 인생의 온전함이 생겨납니다. 그리고 이 온전함이야말로 "왜 이렇게 허전하지?"라는 외로움을 근본적으로 누그러뜨릴 수 있는 통합적 해답으로 이어집니다. 아렌트가 강조한 건, "인간은 활동하면서도 사유해야 하고, 사유하면서도 활동해야 한다"라는 진실이 아닐까요? 그렇게 몸과 마음이 함께 나아갈 때, 우리는 더는 속이 텅 비어 있는 상태로 방황하지 않고, 좀 더 탄탄한 존재의 무게를 짊어지며 삶을 향해 걸어갈 수 있을 것입니다.

끝없이 내 삶의 이유를 찾다

삶은 의심이며, 의심 없는 믿음은 죽음과 다름없다.

― 미겔 데 우나무노 ―

깊어진 밤, 창밖은 칠흑처럼 어둡고 주변도 조용해졌습니다. 그런데 어째서인지 머릿속은 오히려 더 소란스러워지곤 하지요. 미겔 데 우나무노Miguel de Unamuno가 말한 '비극적 열정tragic sense of life'은 인간이 영원을 꿈꾸면서도 유한성을 벗어날 수 없다는 모순에서 비롯되는 강렬한 갈망을 가리킵니다. 어쩌면 우리는 모두 '죽음을 피할 수 없음을 알면서도 영원히 살고 싶다'라는 욕망을 어느 정도 품고 있고, 그 모순이 깊어질 때 "왜 이렇게 외롭고 허무한가?"라는 질문이 더욱 날카롭게 우리의 폐부를 파고듭니다.

우나무노에게 있어 인간의 이 모순은 꼭 절망적이기만 한 건 아니었습니다. 그는 우리가 밤의 정적에 마주칠 때 비로소 마음 깊은 곳에서 솟아나는 의심과 갈망을 더 선명하게 느끼게 된다고 말했습니다. 낮에는 애써 외면했던 질문들, "나는 왜 이런 삶을 살고 있지?" "정말 내가 원하는 건 무엇인가?"라는 물음이 밤이 깊어질수록 고개를 드는 것이지요. 그때 마주하는 쓸쓸함은 때로 견디기 벅차지만, 동시에 '내가 아직 살아 있다는 증거'로도 해석할 수 있습니다.

'비극적 열정'이란, 절대 해답을 찾기 어려운 물음 앞에서조차, 삶에 대한 애착과 기원을 포기하지 않는 모습을 뜻합니다. 우리가 완벽한 영원도, 명확한 목표도 구하지 못해 괴로워하면서도, 조금 더 나아가려는 욕망에 이끌려 심야까지 깨어 있는 그 순간이 바로 인간다움의 증명이 될 수 있다는 것입니다. 다른 시선에서 보면, 외로움이 극도로 커지는 밤은 '아직도 뭔가를 포기하지 못했기 때문'이라는 말이 성립하기도 하지요.

한편 '깊어지는 밤의 외로움은 때로 우리가 잊고 살던 진짜 갈망을 일깨우는 계기'라는 사실입니다. 낮에는 할 일과 관계에 쫓겨 숨기고 있었던 불안이나 열망이, 한밤중에 "너 사실 이런 걸 꿈꿨잖아. 넌 이런 상실감을 품고 있었잖아"라고 속삭이기 때문이지요. 우나무노가 "의심이 깊어질수록 열정도 타오른다"라고 말했듯, 우리가 스스로 제기하는 근본적 질문이 클수록 그걸 뚫고 나아가려는 힘 역시 커질 것입니다.

밤의 정적 속에서 만나는 외로움이 무조건 달콤하지만은 않습니다. 오히려 가장 큰 슬픔이나 회한이 이 시간대에 불현듯 떠오르기도 하지요. 그러나 우나무노가 말하는 '비극적 열정'은, '그래도 내가 원하는 것이 있음'을 거부하지 않겠다는 선언에 가깝습니다. '이 모든 게 허무해질 수 있다'는 사실을 알면서도, "그래도 더 사랑하고, 더 살고, 더 고민해 보겠다"라는 태도는 인간이 빚어내는 고결한 역설이 아닐까요?

깊어지는 밤에, 혹 '나만 이런 허무와 싸우고 있나?'

라는 생각으로 마음이 더욱 어두워진다면, 잊지 말아야 합니다. 당신이 느끼는 심야의 외로움은, 아직 당신 안에 꺼지지 않은 열망과 불안을 동시에 품고 있다는 증거일지도 모릅니다. 만약 이미 모든 걸 포기했다면, 아무런 갈등도 없습니다. 그러나 갈등이 있다는 건, '이대로는 안 되겠어'라는 내면의 외침이고, 그 외침은 새로운 선택이나 행동으로 이어질 문을 살짝 열어 줍니다.

우나무노에 의하면, 인간이야말로 이러한 '모순된 갈망'을 통해 더 치열하게 살아갑니다. "영원은 없지만, 나는 끝없이 내 삶의 이유를 찾겠다"라는 비극적이면서도 숭고한 의지를 발휘한다는 것이지요. 밤이 깊어질수록 이 모순은 더욱 또렷해지지만, 또한 그만큼 우리의 열정도 뚜렷해집니다. 이 열정은 '내가 아직 내일을 기대하고, 무언가 이루고 싶다는 사실'을 은근히 알려 주니까요.

그러니 오늘 밤, 깊은 외로움과 의심 속에 혼자 깨어 있다면, 우나무노의 '비극적 열정'을 떠올려 보길 바랍니다. 사랑이나 의미를 찾으려 애쓰면서도, 세상은 매

번 그 기대를 채워 주지 않을지 몰라도, 바로 그 빈틈에서 우리가 다시 시도하고 꿈꾸는 역설적 의지가 싹트는 겁니다. 이는, "나는 아직 포기하지 않았다. 이 어둠 속에서도 갈망을 내려놓지 않겠다"라는 인간다움의 선언일지도 모릅니다.

외로움이 묻고 철학이 답하다

"죽음을 향해 존재하는 자만이
비로소 자기 삶을 진지하게 산다."

― 마르텐 하이데거 ―

5장

외로움의
답을 찾아서

● ● ●

극한의 고독이
진정한 갈망을 깨운다

이러한 한계상황에서 삶의 평범한 환상들은 무너지고,
개인은 자아를 초월하는 길을 발견할 수 있다.
— 카를 야스퍼스 —

누구나 살다 보면, 도무지 해결이 어려운 '한계상황Grenzsituation'에 부딪힐 때가 있습니다. 카를 야스퍼스Karl Jaspers는 이런 절벽 같은 지점이 오히려 인간이 자신의 본질적 자아를 발견하고, 더 높은 차원으로 도약하게 만드는 계기가 될 수 있다고 말했습니다. 실패나 상실, 돌이킬 수 없는 선택이나 죽음의 공포 같은 상황은, 누구도 쉽게 해결책을 제시하기 힘든 진짜 '한계'인 셈이지요.

그러나 어쩌면 이 극한의 고독이야말로, 우리에게 잠재된 능력과 진정한 갈망을 깨우는 기폭제로 작동할 수 있습니다. 야스퍼스에 의하면, 이러한 국면에 처했을 때 우리는 더 이상 기존의 관습적 사고나 삶의 방식만으로는 버틸 수 없음을 인식하며, '초월Transzendenz'을 향해 시도해야 한다는 사실을 절감하게 됩니다. 흔히 '어쩔 도리도 없는 상황'이라고 불리는 그 지점은, 우리가 내면 깊숙이 숨겨 둔 질문과 소원을 다시금 끄집어내어, 완전히 새로운 삶의 기회를 열어 주기도 합니다.

한계상황은 마음대로 피해 갈 수도 없고, 누군가 대신 겪어 줄 수도 없습니다. '누가 대신해 줄 수 없는 고통'이라는 생각은 한편으로 외로움을 극대화하지만, 다른 한편으로 바로 그 외로움 속에서 "이 문제를 해결할 수 있는 건 나 자신뿐이구나"라는 강렬한 자각을 불러일으키기도 합니다. 야스퍼스가 보기에, 이 자각이야말로 인간이 스스로 존재를 뛰어넘어 초월에 이르는 열쇠가 됩니다. 세상과 타인이 손대지 못하는 근원적 차원에까지 파고들어야만, 새로운 의지와 통찰이 생긴다는

외로움이 묻고 철학이 답하다

것입니다.

물론, 극도로 힘든 상황 앞에서는 우리는 먼저 "왜 하필 나야?" "차라리 도망가고 싶다" 같은 절망감을 느낄 수 있습니다. 하지만 그 절망을 냉정하게 바라보는 과정에서, '결국 나는 어떻게든 이 문제를 마주해야만 한다'라고 결심하게 될 때, 기존의 틀을 부수는 비약飛躍이 일어납니다. 그리고 그 순간에 우리는 이전과는 전혀 다른 '나'로 거듭날 가능성을 얻습니다. 야스퍼스 역시 이런 선택이 쉽거나 고통이 없다고 말하진 않았지만, 그 고통이야말로 '진짜 나'를 발현하는 과정을 촉진한다고 강조했습니다.

이 지점에서 느끼는 외로움은 실로 거셀 수 있습니다. 아무도 내 문제를 대신 해결해 줄 수 없고, 다들 "힘내"라고만 말할 뿐, 실제 한계상황의 아픔은 오롯이 내가 겪어야 하기 때문이지요. 그런데 이것이 바로 야스퍼스가 말하는 '실존적 성장'의 토대가 됩니다. 남이 대신해 주지 못하는 고통은, 동시에 누구도 대신 빼앗을 수 없는 주체적 자유를 내포하기도 하니까요. 내가 해결해야 할 문제가 나를 가장 크게 성장시킨다는 역설인 셈입니다.

한계상황 속에서 우리가 선택하는 태도와 결정은, 평소의 관습적 태도를 뛰어넘어 새로운 초월에 도달하게 만듭니다. 예컨대, 극심한 병이나 죽음에 대한 공포를 마주한 사람이, 그 경험을 통해 삶의 소중함을 재발견하거나, 자신이 참으로 원하던 가치를 놓치고 있었음을 깨닫게 되는 경우가 그렇습니다. "이제 더는 미룰 수 없다. 내가 진짜로 하고 싶은 일을 해야겠다"라고 결심하거나, "헛된 자존심에 매달렸던 건 아니었나?" 하고 반성하게 되면서, 전혀 다른 세계관을 얻기도 합니다.

"극한의 고독이 새로운 도약과 초월로 이어진다"라는 말은 결코 추상적 격언이 아닙니다. 실제 한계상황에 선 사람들이 오히려 더 크게 변화하거나, 의지의 불꽃을 태워 새로운 인생을 개척하는 사례를 종종 보지 않나요. 야스퍼스가 제시한 이 관점은, 우리가 한계에 부딪힐수록, 막연한 두려움 대신 "이 상황이 내게 무엇을 요구하고 있지?"라는 물음을 던지고, 그 대답 속에서 내가 미처 깨닫지 못한 능력이나 열망을 발견할 수 있다는 희망을 암시합니다.

물론, 한계상황 자체를 두려워하지 않는다는 것은 아닙니다. 언제든 삶의 중요한 부분이 무너져 내릴 수 있다는 불안은, 누구에게나 커다란 공포로 다가옵니다. 그러나 야스퍼스는 "바로 그 공포 앞에서 나는 스스로 초월할 기회를 맞는다"라고 말합니다. 홀로 감당해야 할 것들이 무겁고 쓰라린 만큼, 그 과정에서 그 어떤 다른 순간에도 맛볼 수 없는 깨어 있음과 결단이 탄생한다는 것이지요.

이 한계상황을 마주하는 우리의 자세는 어떤가요? "어쩔 수 없다"라는 체념이 아니라, "이 불가능해 보이는 지점이야말로 나를 가장 거대하게 일깨울 수 있다"는 전환이 필요할지도 모릅니다. 극한의 고독이야말로, 우리를 스스로 인위적 틀로부터 해방시키고, 전에 없던 창조적 힘을 발휘하게 만드는 본격적인 도약대가 될 수 있으니까요. 그렇다면, 당장 우리가 겪는 난관이나 결핍을 '절망'으로만 볼 게 아니라, 거기 담긴 '자기 초월

의 가능성'에 눈길을 주는 편이 조금은 현명하지 않을까
요? 야스퍼스는 우리에게 그렇게 제안하고 있습니다.

외로움이 묻고 철학이 답하다

● ● ●

외로움이야말로
진정 내 삶을 창조한다

인간은 자유롭도록 선고받았다.
일단 세상에 던져진 이상, 그는 자신이 하는 모든 것에
책임을 져야 하기 때문이다.

— 장 폴 사르트르 —

　우리는 누구나 삶에서 중대한 결정을 내려야 할 때가
있습니다. 때론 진로를 택하거나 어떤 관계를 정리해
야 하고, 때론 몸담고 있던 울타리를 떠날지, 그대로 남
을지 고민합니다. 이런 결정을 앞두면 주변에서 조언을
들을 수 있지만, 결국 마지막 선택은 내가 해야 하고,
그 결과에 대한 책임 역시 오롯이 내 몫이 됩니다. 장
폴 사르트르Jean Paul Sartre가 말한 '인간은 자유롭다'라는 선
언은 겉보기엔 달콤해 보이지만, 실제로는 상당히 무거

운 숙제를 함께 던져 줍니다.

자유가 있다는 것은, '아무도 내 삶을 대신 살아 주지 않는다'라는 뜻입니다. 그 말은 곧 '모든 선택에 따른 책임은 내가 떠안아야 한다'라는 의미이기도 하지요. 누구에게 조언을 구하고, 설령 그 조언에 따라 결정했다 하더라도, 최종적으로 서명하는 건 나이고, 잘못됐을 때의 후폭풍도 결국 내가 감수해야 합니다. 사르트르는 이것이야말로 실존적 고독을 이야기하지만, 동시에 우리가 진짜 '내가 누군지'를 정의하게 만드는 근본 동력이라고 봤습니다. 자유가 없다면 이 고독도 사라지겠지만, 그건 동시에 '내 삶의 주인은 내가 아니다'라는 소외 상태일 수밖에 없습니다.

'고독한 결정의 순간'은 그야말로 내 실존적 자유가 가장 선명하게 드러나는 장면이 됩니다. 결혼이나 이직과 같은 인생의 커다란 사안부터, 작은 일상 선택조차도 마음 깊은 곳에서 "이 길은 내가 정말 원하는 걸까?" "후회하더라도 내가 감수할 수 있을까?"를 묻고 답해야 하지요. 게다가 이 결정의 크기가 크면 클수록, 우리는 스스로 더 강렬한 외로움을 느낍니다. 아무도 정답을 알려 주지 않고, 책임을 피할 수 없습니다.

사르트르는 또한 '타인의 시선'을 언급하며, 우리가 결정을 내려도 다른 사람들은 이를 비판하거나 지지할 수 있지만, 그 시선조차도 내가 선택을 회피하게 만들어 주지는 못합니다. '이 결정이 옳은지 잘못됐는지'는 결국 내 삶을 통해 검증해야 하며, 그 검증 과정에서 내가 느끼는 만족과 후회도 온전히 내 감정인 것입니다. 그래서 자유는 달콤하면서도 부담스러운, 늘 양면의 칼날처럼 작동합니다.

우리는 때때로 '자유를 모르고 싶다'라고 느낍니다. 사실 누군가 "이 길이 맞아, 따라와!" 하고 절대적 지침을 준다면, 일시적 안도감을 느낄 수도 있습니다. 그러나 결과적으로 실패했을 때 원망할 수는 있겠지만, 근본적 해결책이 되진 못합니다. "무엇을 택할 것인가?"라는 문제는 언제라도 다시 찾아오기 마련이고, 그때 또다시 내 선택이 아니라 누군가의 지시만 따른다면, 결국 내 삶의 주인은 나 자신이 되지 못할 테니까요.

이처럼 자유와 책임이 맞물린 고독한 결정의 순간이 인간을 근본적으로 외롭게 만들지만, 그 외로움이야말로 "내가 내 삶을 진정 창조하고 있다"라는 징표라는 것이 사르트르의 결론입니다. 누가 대신 결정해 주면 마음은 편할 수 있지만, 그건 내 실존을 포기하는 선택일 수도 있기 때문이죠. 아무리 흔들려도, 마지막 발걸음을 내디디는 건 오직 '나'입니다.

'선택과 책임'은 늘 함께 오며, 그 무게가 무거울수록 우리는 더 큰 불안을 느낍니다. 하지만 이 불안은 '내가 지금 자유를 행사하고 있다'라는 강력한 증거이기도 합니다. 인간이 유일하게 "나는 지금 이렇게 하기로 결심했어"라고 선포할 수 있는 존재라는 점에서, 이 결정의 순간은 우리를 근본적으로 고독하게 만들지만, 동시에 무한한 가능성으로 이끕니다.

물론 선택이 틀릴 수도 있고, 나중에 후회할 수도 있습니다. 그마저도 내 몫이지요. 그때 "그래도 내 결정이었으니 받아들이겠다"라고 말할 수 있다면, 우리는 그 실패에서도 성장할 기회를 얻습니다. 반대로 누군가 대신해 준 결정에 의존했다면, 결과가 실패하건 성공하건 남는 건 허무감일 수밖에 없습니다. 그러니 무거운 선택이 기다릴 때 "내가 왜 이렇게 불안하고 외로운가?"라고 느끼는 순간을 거부하지 말고, "아, 내가 지금 자유를 행사하는 중이구나"라고 수긍해 보는 건 어떨까요? 그 순간 우리는 사르트르가 말한 "인간이 자유롭게 자기를 창조한다"라는 본질을 조금씩 체감하게 됩니다.

정말로 중요한 것은 내가 어떤 길을 택하느냐 못지않게, 그 길에 대해 "내가 최종 책임을 지겠다"라고 선언하는 태도입니다. 그렇게 고독한 결정의 과정을 겪고 나면, 설령 좌절이 찾아와도 내면 어딘가에 '그래도 내 선택이었다'라는 자존감이 남습니다. 그 자존감은 실패 뒤에 재도전할 힘을 주고, 외로움을 한층 더 단단한 존재로 이끄는 양분이 되기도 합니다. 그리고 이것이야말로 인간 실존의 가장 극적인 장면이자, 자유로운 영혼의 증거라 할 수 있습니다.

● ● ●

일상의 작은 기쁨에
더 민감해지라

인간의 모든 행복과 불행은 행동의 모습으로 나타나며,
우리가 창조되거나 소멸하는 것은 바로 그 행동 속에서이다.

— 아르투어 쇼펜하우어 —

우리는 흔히 더 큰 성공이나 더 많은 것을 이루어야 '외로움'에서 벗어날 수 있다고 믿지만, 막상 그 성취를 이루고 나서 허무함이 더 커졌다는 사람들의 이야기를 어렵지 않게 듣습니다. 아르투어 쇼펜하우어Arthur Schopenhauer는 인간이 '의지의 끝없는 요구' 속에서 달성 전에는 고통, 달성 후에는 허무로 이루어지는 딜레마에 갇힌다고 지적했습니다. 크게 보아 '더 큰 행복'을 좇는 노력이 반복될수록, 얻고 나면 이내 새로운 결핍이 등장해 우리를 다시금 공허하게 만든다는 것입니다.

그렇다면 결코 만족은 불가능한 걸까요? 쇼펜하우어가 제안하는 해법은 의외로 '일상의 작은 기쁨'에 더 민감해지라는 것입니다. 엄청난 성취나 화려한 이벤트로는 채울 수 없는 부분을, 오히려 사소하고 잔잔한 만족에서 충족시킬 수 있다는 말입니다. 이를테면, 따뜻한 차 한 잔을 음미하거나, 매일 스치는 하늘 풍경을 의식적으로 바라보는 행동이 내 안에 쌓여 있는 고독감을 충분히 완화해 줄 수도 있습니다.

'아주 작은 만족을 누리는 능력'이야말로 사실상 더 큰 성취와 욕망보다, 우리의 내면을 안정시키고 소소한 기쁨을 지속시키는 열쇠가 됩니다. 예컨대, 친구와의 짧은 대화에서 좋은 농담이 오간 순간, 아침에 마주한 맑은 공기나 음악 한 곡에서 느끼는 편안함이랄까? 그런 작은 요소들이 쌓여 갈 때, 인간은 헛된 욕망의 굴레에서 잠시 벗어나 "그래, 이 정도로도 삶은 살 만하구나"라는 여유를 갖게 됩니다. 쇼펜하우어가 설명했듯, 의지의 소용돌이에 빠져 더 높은 목표만 노려서는 그

만족감이 지속되기 어렵고, 만족 후엔 더 큰 허무에 빠지기 일쑤라는 겁니다.

그래서 우리가 외로움을 호소할 때, 무엇인가 대단한 전환점을 기대하기보다, 일상에서 자잘하게 행복을 발견할 줄 아는 능력을 키우는 편이 훨씬 유용합니다. 조금 촌스럽게 들려도, "내게 지금 꼭 필요한 건 뭘까?"를 물으며, 작은 즐거움을 의식적으로 찾아 나서는 습관을 들이는 겁니다. 마실 거리나 산책, 취미 생활 같은 것이 대표적 예입니다. 혹은 하루 중 잠깐의 시간에 나만의 문장을 써 보는 것도 방법이 되겠지요? 큰 욕망이나 관계 문제에서 오는 외로움은 쉽게 해결되지 않지만, 그 사이사이 작은 즐거움을 누릴 수 있다면 전체적으로 삶이 훨씬 덜 허무하게 느껴지게 됩니다.

쇼펜하우어는 '끝없는 욕망'이 인간에게 근본적 슬픔을 안겨 준다고 보았지만, 그 와중에도 예술이나 명상, 혹은 짧은 휴식에서 의지를 잠시 중단하는 순간을 높이 평가했습니다. 일상에서 사소하지만 소중한 것들을 발견하는 능력을 기르지 않으면, 결국 큰 목표만 바라보다가 그 목표를 이룬 순간 허무와 무기력에 빠지게 된다는 겁니다. 친구와 식사하면서 나누는 작은 유머나, 밤의 하늘에서 별 하나를 찾아보는 일 같은 사소함이 사실은 우리 생의 상당 부분을 채우고 있습니다.

만약 우리가 이런 순간을 "그깟 사소한 것이 무슨 대수야!"라고 무시한다면, 결국 남는 건 '더 대단한 무언가'에 대한 집착뿐인데, 그 욕망은 성취와 동시에 또 다른 공허로 이어지기 쉽습니다. 오히려 '일상의 작은 즐거움이 가장 중요한 부분을 차지한다'라는 사실을 인정하면, 삶의 대부분을 즐겁게 누릴 수 있습니다. 아침에 일어났을 때 느껴지는 가벼운 피곤함도, 내가 누리는 따뜻한 커피 한 잔으로 상쇄될 수 있음을 의식한다면, 지극히 평범한 하루가 사실은 꽤 괜찮은 선물처럼 다가올 수 있다는 말입니다.

큰 욕망이나 목표를 버리라는 뜻은 아닙니다. 다만, 그 욕망이 충족되지 않는 시간에 과도한 절망을 느끼기보다, 사소한 행복에 감탄하며 외로움을 완충시킬 줄 아는 태도가 필요합니다. 쇼펜하우어가 숱한 비관과 냉소 속에서도 예술적 체험이나 명상을 강조한 것도 이 때문입니다. 크고 눈부신 성취가 아니더라도, 음악 한 곡에 몰입하거나 자연 풍경을 가만히 감상하는 짧은 순간이야말로 내 정신을 평온하게 해 주고, 외로움을 훨씬 덜어 주는 힘을 갖고 있으니까요.

"왜 이렇게 쓸쓸하지?"라고 느낄 때, 한 번쯤 아주 작은 사소함에 눈길을 줘 보세요. 좋아하는 간식이나 재미있는 책 몇 페이지, 혹은 간단한 산책으로 마주치는 바람 한 줄기가 주는 느낌 말입니다. 그 소소함이 쌓여서 우리에게 삶의 잔잔한 의미를 되찾아 준다면, 굳이 거대한 목표와 비교하며 자신을 벼랑 끝으로 몰아넣지 않아도 괜찮습니다. "이런 소소한 일상이 무슨 힘이 될까?"라고 여길 수도 있지만, 바로 그것들이 모여 나의 하루를 메우고, 외로움을 위로하고, 오늘을 견딜 만한 날로 만들어 주는 진짜 이유가 되어 준다는 걸 기억하시기 바랍니다.

외로움이 묻고 철학이 답하다

● ● ●

자기 초월,
고독을 넘어선 성장

나는 너희에게 초인超人을 가르치노라.
인간은 극복되어야 할 그 무엇이다.
너희는 그를 극복하기 위해 무엇을 해왔느냐?

— 프리드리히 니체 —

프리드리히 니체Friedrich Nietzsche가 말한 '초인Übermensch'은 기존의 가치나 틀을 뛰어넘어 자기만의 의미와 삶을 창조해 가는 존재를 의미합니다. 그 길은 대중이 안전하게 보장해 주는 생활권에서 벗어나, 스스로 새로운 길을 개척하며 홀로 설 준비가 되어 있어야만 도달할 수 있다고 니체는 주장합니다. 즉, 자기 초월이란 남들이 만드는 안전망에 의존하거나 익숙한 관습에 순응하는 것이 아니라, 흔한 사고방식이나 도덕을 넘어선 창조적 폭발을 향해 나아가는 결단을 말합니다.

하지만 우리가 살피면, 그 과정은 필연적으로 고독을 동반합니다. 니체가 '사자의 정신'으로 상징했던 단계는 무리와 관습적 세계관에서 벗어나기 위해 치르는 고독한 전투나 다름없기 때문입니다. 현실의 안정과 타인들의 인정이 주는 편안함을 포기하고 오롯이 자기만의 길을 파고들겠다는 선언이니, 처음에는 주변인들의 이해를 얻기 어려울 수 있습니다. 그러나 이 고독을 감수하지 않으면, 우리는 영원히 남들이 정해 놓은 의무와 가치에서 한 발짝도 벗어나지 못하게 될지도 모릅니다.

'자기 초월'을 생각해 보면, 딱히 울창한 산속에 들어가거나 극적인 모험을 떠나야만 이루어지는 건 아닙니다. 자신의 한계를 깨닫고, 과거에 가졌던 믿음이나 제약을 의식적으로 넘어설 때, 우리는 이미 어느 정도 '초인적 태도'를 실천하는 중일 수 있습니다. 예를 들어, "나는 이 정도면 충분해"라는 안일한 합의점을 깨고 "조금 더 내 의지대로 창의적인 무언가를 해보자"라는 마음을 품는 순간, 익숙한 안전지대를 떠나기 위한 고독한 준비가 시작될 수 있다는 말입니다.

니체의 사유에서 주목해야 할 점은, 진정한 자기 초월은 외부의 명령이 아니라 내면에서 솟아오르는 욕망과 결의를 따르는 과정이라는 사실입니다. 무리가 높이 평가하는 성공이나 칭찬, 혹은 공동체가 제시하는 도덕적 지침 같은 외부 기준에만 매달리면, 사람들은 대개 큰 충돌 없이 무난히 살아갈 수 있습니다. 그러나 그 정체된 상태를 깨어 보겠다고 마음먹는 순간, "나는 세상이 말하는 기준이 아니라 내 고유한 목소리에 귀 기울이겠다"라는 다소 위험천만한 선언을 하게 됩니다. 이 대목이야말로 고독을 동반한 자기 초월이 태어나는 지점입니다.

니체가 '야생의 가능성'을 찬양한 이유는, 그동안 억눌린 욕망이나 창조적 에너지를 해방하면서 '모두가 따르는 전통과 도덕'을 뛰어넘어 진정한 '나만의 세계'를 만들어 보라는 요구 때문입니다. 하지만 이는 "네가 모든 걸 버려라!"라는 극단적 파괴가 아니라, 기존 삶에 의문을 품고 내게 더 적합한 방향과 가치를 찾기 위해

배짱을 내보이라는 제안에 가깝습니다. 그것이 대중과 불화를 생기더라도, "나는 내가 정한 길을 사랑한다"라고 각오를 다지는 사람, 바로 그런 존재가 '초인'을 향해 가는 모습입니다.

그 길은 고독합니다. 사람들은 흔히 "왜 굳이 안전하고 편한 궤도를 벗어나?"라고 물을 테고, 그때마다 "나는 더 이상 옛 기준에 묶여 있고 싶지 않아"라고 대답하는 행위가 때론 깊은 소외를 부를 수도 있기 때문입니다. 그러나 그 소외 속에서도 "그래도 내 영혼이 갈망하는 방향이 이것이라면, 감히 시도해 보겠다"라고 나아가는 태도가 니체가 강조한 자기 초월의 정수라 할 수 있습니다.

이 초월은 내가 기존의 습관이나 정체된 사고를 깨부수겠다는 선언이며, 그 과정을 통해 자기표현과 창조적 가능성이 도약한다는 의미이기도 합니다. 고독은 여기서 필연적인 대가입니다. 동시에 이 고독을 통과한 뒤 얻는 자유와 쾌감이 어쩌면 인생에서 가장 짜릿하고 진실한 경험일 수 있습니다. 이전에 몰랐던 나의 잠재력과 향유를 깨닫게 되고, 세상과 타인을 대하는 태도도 한층 더 생동감 있게 변합니다.

니체는 "진정한 독립과 혁신은 무리에서 벗어나 홀로 서는 용기가 없으면 불가능하다"라고 말했습니다. 이는 자기 초월의 길에서 만나는 고독을 직시하라는 뜻이기도 합니다. 처음엔 두렵겠지만, 그 고독을 기꺼이 감수하는 순간, 우리는 비로소 '어디로 갈지 스스로 결정하고 스스로 책임지는 인간'으로서 외부가 주는 인정보다 훨씬 더 뜨거운 내면의 보람을 만끽할 수 있게 될 것입니다. 그리고 그때 외로움이란 '나를 더 높은 곳으로 이끈' 징표로서 값진 의미를 띠게 되는 게 아닐까요?

진정한 우정은
노력 없이 주어지지 않는다

우정은 인간사와 신의 일, 모든 것에서 조화로운 합의일 뿐이며,
서로의 호감과 애정이 결합한 것이다.

— 마르쿠스 툴리우스 키케로 —

우리는 인생에서 크고 작은 우정을 맺지만, 때로 극
도로 외로운 순간이 닥칠 때, "정말 나를 지지해 주는
친구가 있는 걸까?"라고 자문하게 됩니다. 마르쿠스 툴
리우스 키케로Marcus Tullius Cicero가 말한 우정은 결코 단순한
이해관계나 즐거움을 공유하는 데에 그치지 않고, '상호
선善을 추구하며 서로를 고양하는 관계'라는 뜻을 지녔
습니다. 이는 얕은 공감으로는 충족되지 않는, 진정한
헌신과 신뢰를 전제로 이루어지는 것입니다.

우정이 깊어지려면, 상대에게 속 깊은 이야기를 내놓는 용기, 그리고 그것을 담아 주는 신뢰의 공간이 필요합니다. 하지만 오늘날 우리는 피상적 친분이나 '좋아요'로 관계를 겉핥기식으로 유지하기 쉽고, 막상 찾아오는 외로움은 그것으로 해결되지 않습니다. 키케로가 강조한 인간적·신적 조화를 함께 추구한다는 표현은, 두 사람이 서로의 고유함을 존중하고, 서로에게 영적인 혹은 윤리적인 지지자가 되어 줄 때, 가능하다는 의미이기도 합니다. 단순한 교류가 아니라 서로의 영혼과 목적에 관여하는, 좀 더 성숙한 교류를 말합니다.

가장 깊은 우정은 상대를 하나의 온전한 인격체로 대하고, 서로의 약점이나 실수까지도 보듬고 성장하도록 돕는 과정에서 싹틉니다. 현실에서는 누군가와 친밀해지려 할수록, 상대가 내 취약한 부분을 알게 될까 두려움을 느끼기 쉬우므로, 역설적으로 '이 사람에게 얼마나 나를 드러낼 수 있을까?'를 고민하게 되지요. 그러나 상대가 진정으로 나를 지지해 주고 싶어 하는 마음을 보여 줄 때, 그리고 내가 그 마음을 받아들이는 순간, 이

전과는 비교할 수 없을 만큼 깊은 결속이 생깁니다. 그 결속은 "나 사실 이런 고민이 있어"라고 털어놓을 수 있게 하며, 또 그 이야기를 진심으로 들어 주는 공간이 생깁니다.

'고독 속 만남의 의미'란, 결국 맨땅에 홀로 선 채로 외로움을 감내하는 와중에, 우정이 얼마나 큰 힘이 될 수 있는지를 다시금 깨닫는 것입니다. 키케로가 말한 대로, 서로의 선함을 증진하고 더 나은 사람이 되게끔 서로 끌어당기는 관계가 있다면, 혼자서는 해결하기 어려운 고통도 상당 부분 덜어낼 수 있습니다. "내가 이토록 힘든 걸 알고, 그래도 포기하지 않도록 곁에서 격려해 주는 사람"이 한 명만 있어도, 외로움이 무겁지만은 않게 느껴집니다.

그렇다고 해서 우정이 영원히 변치 않는다는 보장은 없습니다. 오래 알고 지냈던 인연이라도, 만약 서로의 선함을 함께 추구하는 마음이 흐려지고 개인 이익만 바라보기 시작하면, 그 우정은 점차 그늘에 갇힐 수 있지요. 이때 "진정한 우정은 노력 없이 주어지지 않는다"라는 키케로의 말이 다시금 중요해집니다. 함께 더 나은 방향으로 가려는 의지, 상처까지 포용하고자 하는 따뜻한 시선이 꾸준히 교환되어야, 관계가 깊어집니다.

요즘처럼 빠르게 스쳐 지나가는 인맥의 시대에, 그런 깊은 우정을 만드는 건 쉽지 않습니다. 하지만 키케로의 통찰대로라면, 우정이야말로 외로움을 치유하는 근본적 열쇠임을 부인하기 어렵습니다. 그저 술자리나 일시적 유흥을 함께하는 사이로는, 심야에 문득 찾아오는 허무감이나 정체성 혼란을 나누기 힘들지요. 진정한 우정은 "너와 내가 서로의 인격적 자산을 소중히 여기고, 함께 성숙해 가자"라는 공동선共同善에 대한 믿음이 바탕이 됩니다.

이런 관계를 한 명이라도 얻으면, "나는 결국 혼자가 아니었구나"라는 안도감이 생깁니다. "너라도 내 이야기를 들어줄 수 있어. 설령 정확히 답해 주지 못해도, 단 한 사람이라도 진심으로 들으려 애쓰고 있잖아"라는 생각이, 밤늦은 외로움을 훨씬 가볍게 만들어 줍니다. 따라서 키케로의 우정론은 우리에게 '양보다 질'이라는 진리를 새삼 확인하게 합니다. 얕은 인맥 수십 개보다, 정말 속 이야기를 나누고 함께 나아가려는 우정 하나가 더 소중하다는 겁니다.

"우리는 왜 이렇게 외로운가?"라는 물음에, "진정한 우정을 찾지 못했기 때문"이라는 대답이 스치는 순간, "그렇다면 내가 우정을 제대로 가꿀 노력은 하고 있는가?"를 자문해 보면 어떨까요? 남들이 내가 필요로 하는 때만 내 곁을 지켜 주길 바라면서, 내가 먼저 상대를 진심으로 존중하는 일은 등한시하고 있는 건 아닌지 돌아볼 필요가 있습니다. 키케로가 말한 '상호 선을 추구하는 관계'는, 누구 한쪽만 노력해서는 불가능하기 때문입니다.

'고독 속 진정한 우정의 의미'란, 아무리 깊은 밤이라도 언제든 마음을 열 수 있는 단단한 연결이 있다는 사실에서 나온 위로입니다. 시간과 정성을 들여 서로의 성장과 선함을 지지해 주는 동행이 생긴다면, 우리는 더 이상 홀로 휘청대지 않고, 함께 도달할 수 있는 조금 더 높은 곳을 향해 나아갈 수 있습니다.

외로움이 묻고 철학이 답하다

결국 인생은
혼자 걷는 길이다

본질적으로, 자기 자신이 되는 것은 세상에서 가장 어려운 일이다.
왜냐하면 그것은 당신에게 홀로 설 것을 요구하기 때문이다.

— 쇠렌 키르케고르 —

　어느 날 문득, 우리가 주변에 얼마나 많은 사람과 만나고 교류해도, 결국 인생을 결정하는 자리는 나 혼자라는 사실을 깨달을 때가 있습니다. 쇠렌 키르케고르 Søren Kierkegaard가 말한 '단독자(단독적 실존)'는, 누구도 대신해 줄 수 없는 내 삶을 오롯이 내가 책임져야 한다는 자각에서 비롯되지요. 가족과 친구, 사회의 지지와 안정감이 쓸모없다는 말은 아니지만, 궁극적으로 "내가 어떤 결단을 내릴 것인가"를 대체해 줄 사람은 없습니다.

우리는 누군가가 '답'을 제시해 주길 바랄 때가 많지만, 마지막 한 걸음은 결국 스스로 내디뎌야 합니다. 만약 내가 실패하면 그 후폭풍도 내 몫이고, 성공하더라도 그 성취감을 누리는 건 내가 됩니다. 키르케고르가 '단독자'를 강조한 이유는, 외로움이라는 감정이 단순한 소외가 아니라 내 실존의 진정성으로 이끄는 문턱이 될 수 있다는 사실을 일깨워 주기 때문입니다.

결코 이 길은 평탄치 않습니다. 우리가 어릴 때, 가족이나 학교가 길을 안내해 주기도 하고, 성인이 된 후에는 어느 정도 사회적 틀 안에서 편안함을 누릴 수 있지만, 정말 중요한 결단이나 선택의 순간이 오면 "누가 좀 대신해 줘" 하고 싶어질 정도로 막막하곤 합니다. 그러나 키르케고르는 바로 그 막막함을 외면하지 말고 정면으로 응시하라고 말합니다. 그때 느끼는 깊은 고독, 즉 '결국 내가 해야만 하는 결정' 앞에서 땀이 날 정도로 고민하는 시간이, 우리를 단독자로 만든다는 거지요.

외로움은 완전히 사라지지 않습니다. 사실 인간은 태생적으로 단독자이기에, 아무리 가까운 사람과도 100%

생각이나 감정을 공유할 수 없고, 결국 자기 삶의 무게는 혼자 짊어지게 된다고 키르케고르는 말합니다. 하지만 이 사실을 온몸으로 수긍하고 인정하기 시작하면, 역설적으로 더 큰 자유와 책임이 도래합니다. "아, 아무도 내 삶을 대신 살아 주지 않는다면, 나는 정말 내가 원하는 방식으로 이 삶을 만들어 갈 수 있겠구나"라는 깨달음 말이지요.

단독자가 된다는 건, 도망칠 구멍을 없앤다는 뜻이기도 합니다. 가족이나 연인을 탓하거나, 사회 환경이나 시대를 탓하는 한, "나는 이 상황의 피해자"라고 말할 수 있으니 마음 편할 수 있지요. 그러나 그건 동시에 내 주체적 결단과 자유도 포기하는 길이 됩니다. "어쩔 수 없어"라는 말 뒤에는, "그러니 나는 아무것도 책임지지 않아"라는 태도가 숨어 있으니까요. 키르케고르의 '단독자' 사상은, "결국 내 인생의 방향은 내가 결정해야 하고, 그 결과도 내가 안을 수밖에 없다"라는 용감한 선언을 요구합니다.

이 선언의 순간, 외로움은 전혀 새로운 색깔로 다가

올 수 있습니다. 단순히 나를 고립시키는 감정이 아니라, '내가 내 삶을 온전히 살아 내는 데 필요한 골격 같은 것'으로 자리 잡는 것이지요. 외롭다는 건, 그 누구도 내 영혼 깊은 곳을 대신 들여다봐 주지 못한다는 뜻이기도 하지만, 동시에 내가 '나의 주인'이라는 사실을 방증해 주기도 합니다.

이 고독이 괴롭지 않을 수는 없습니다. 누구나 실수하고 실패할 수 있으니까요. 하지만 그런데도 '그래도 내 선택이었다'라는 사실이야말로 우리를 다시금 일어서게 해주는 힘이 됩니다. 키르케고르에 의하면, 우리가 무언가를 선택한 뒤 후회한다고 해도, '다른 사람 때문'이라고 말할 수는 없으니, 그 책임을 나 자신이 끌어안게 됩니다. 그 순간은 무서운 동시에, 새롭게 삶을 업그레이드하는 기회이기도 합니다. "또 실패할 수도 있지만, 그것마저 내가 감당하겠다"라고 말할 수 있다면, 어떤 의미에서 우리는 이미 외로움을 넘은 깊은 자유에 한 걸음 들어선 것입니다.

결국 이 삶을 결정하는 건 나라는 단독자라는 사실을

외로움이 묻고 철학이 답하다

잊지 말아야 합니다. 남들 곁에서 상처도 받고 위로도 받지만, 그 근본적 결정 속에 누가 대신 들어설 수는 없지요. 그리고 이 사실이 낯설고 두렵게 느껴지기보다, '그렇다면 내가 원하는 걸 더 당당히 추구해 봐야겠구나'라는 자유의 공간을 열어 줄 때, 우리는 외로움을 또 하나의 시작점으로 바꿔 갈 수 있습니다. 키르케고르가 말한 '인생은 결국 혼자 걷는 길'이라는 통찰은, 역설적으로 "그래서 내가 내 삶을 주도할 수 있다"는 뜨거운 희망을 함께 품고 있음을 잊지 말아야 합니다.

외로움은 묵묵히 새로운 길을
안내하는 등과 같다

"외로움의 바다를 건너 자신을 만나고, 다시 타인에게로 돌아가는 길."

여기 긴 여정을 함께 걸어 온 여러분은 어떠한 마음이 드나요? 처음엔 '외로움을 없애야 할 문제'로만 생각했다면, 이 책을 다 읽고 난 지금은 '외로움이라는 감정이 나를 새롭게 이끌 수도 있구나'라는 느낌이 조금씩 자리 잡았을지도 모르겠습니다. 외로움이 불편하기만 한 감정이 아니라, 오히려 자신의 본질과 깊이 마주하게 하고, 다른 이들과 더 진실한 관계를 맺도록 독려하는 '신호'였다는 사실 말입니다.

물론, 어떤 책도 한순간에 외로움을 완벽하게 해소해 주지는 못할 것입니다. 인간은 누구나 '아무도 나를 대신 살아 줄 수 없다'라는 근원적 사실을 짊어지고, 때론 고독의 골짜기를 지나야 합니다. 그 고독이 철학자들의 통찰과 만나면, 때론 새로운 사유와 결단을 끌어내는 귀한 토양이 될 수 있다는 것입니다.

파스칼의 '생각하는 갈대'에서 시작해, 카뮈의 '부조리', 사르트르의 '자유와 책임', 키르케고르의 '단독자' 개념에 이르기까지, 우리는 외로움이라는 감정이 단순히 결핍이나 결함만을 의미하지 않는다는 사실을 확인했습니다. 외로움은 인간이 지닌 '높은 갈망'에 대한 증거일 수도 있고, 더 나아가 자신을 넘어서는 초월을 꿈꾸게 만드는 불꽃일 수도 있습니다. 키케로가 말한 진정한 우정, 니체의 자기 초월, 쇼펜하우어의 일상의 작은 행복, 모두가 이 외로운 여정 속에서 더 빛나게 되는 요소들이었다고 생각합니다.

결국, 완벽한 '외로움의 종말'이라는 건 존재하지 않을지도 모릅니다. 오히려 인간은 '기본적으로 연약한 갈대이자 동시에 우주를 사유하는 존재'라서, 가끔은 꼭 외로움이라는 파도에 휩쓸려야 그다음 단계로 뻗어나갈 수 있게 되는 것입니다. 그러니, 이 책에서 각 장을 천천히 지나온 여러분에게, 이제 마지막으로 드리고 싶은 말은 바로 '외로움이 다시 찾아와도 너무 두려워하지 말라'는 겁니다. 그 감정과 조금 더 친해지면서, 그 안에 깃든 소중한 질문들을 발견하셨으리라 믿습니다.

밤이 찾아오고 혼자 있는 시간이 깊어져도, 더 이상 외로움이 막연한 슬픔만을 의미하지는 않을 것입니다. 그 감정은 "내가 아직도 갈망하고, 찾고, 고민하면서도 달려 나가고 있다"라는 살아 있는 증표이기도 하니까요. 우리가 그 신호에 귀 기울이고 적절히 응답할 때, 외로움은 더 이상 우울과 불안의 바다가 아니라, 묵묵히 새로운 길을 안내하는 등과 같은 존재가 되어 줄 것입니다.

이제 이 책을 덮어도, 외로움은 완전히 사라지지 않

외로움이 묻고 철학이 답하다

습니다. 하지만 적어도 그 외로움을 어떻게 다룰 것인지, 그리고 그 감정이 때론 나를 더 깊은 자기 이해와 성숙으로 이끈다는 사실을 깨달으셨다면, 이 책은 제 몫을 다한 거라고 믿습니다.

　마지막으로 부탁드리고 싶은 건, "내가 느끼는 외로움은 결코 나 혼자만의 감정이 아니다"라는 점을 기억해야 합니다. 모두가 같은 조건 안에 있고, 때로는 누군가의 한마디 따뜻한 말이 크게 위로가 될 수 있으며, 또 내 외로움도 누군가에게는 공감과 지지를 건네줄 수도 있습니다. 그렇게 외로움을 함께 겪고, 함께 넘어서면서, 결국 더 큰 환희와 의미를 발견하는 날이 오리라 믿습니다. 그 순간, 외로움은 더 이상 짙은 어둠이 아니라, 새롭게 피어나는 꽃을 위한 양분이 되어 있을 것입니다.

외로움이 묻고
철학이 답하다

초판 1쇄 인쇄 | 2025년 5월 26일
초판 1쇄 발행 | 2025년 6월 10일

지은이 | 이세훈
펴낸이 | 전준석
펴낸곳 | 시크릿하우스
주소 | 서울특별시 마포구 독막로3길 51, 402호
대표전화 | 02-6339-0117
팩스 | 02-304-9122
이메일 | secret@jstone.biz
블로그 | blog.naver.com/jstone2018
페이스북 | @secrethouse2018
인스타그램 | @secrethouse_book
출판등록 | 2018년 10월 1일 제2019-000001호

ISBN 979-11-94522-16-4 03100